xiangzhangshu wenku

香樟树文库

江苏省哲学社会科学规划重点项目（09ZZA001）

企业社会责任培育过程中的政府作用研究

华冬萍 著

苏州大学出版社

图书在版编目(CIP)数据

企业社会责任培育过程中的政府作用研究 / 华冬萍著. —苏州：苏州大学出版社，2014.11
江苏省哲学社会科学规划重点项目
ISBN 978-7-5672-1118-6

Ⅰ.①企… Ⅱ.①华… Ⅲ.①行政干预－影响－企业责任－社会责任－研究－中国 Ⅳ.①F279.2

中国版本图书馆 CIP 数据核字(2014)第 272081 号

企业社会责任培育过程中的政府作用研究

华冬萍 著

责任编辑 巫 洁

苏州大学出版社出版发行
(地址：苏州市十梓街 1 号 邮编：215006)
苏州工业园区美柯乐制版印务有限责任公司印装
(地址：苏州工业园区娄葑镇东兴路 7-1 号 邮编：215021)

开本 700 mm×1 000 mm 1/16 印张 10 字数 190 千
2014 年 11 月第 1 版 2014 年 11 月第 1 次印刷
ISBN 978-7-5672-1118-6 定价：28.00 元

苏州大学版图书若有印装错误，本社负责调换
苏州大学出版社营销部 电话：0512-65225020
苏州大学出版社网址 http://www.sudapress.com

◆中文摘要◆

进入 21 世纪以后，随着经济全球化的进一步深入发展，企业社会责任（Corporate Social Responsibility，简称 CSR）得到国际社会的广泛关注，理论界也把企业社会责任作为一个热点问题来探讨。

本书首先借鉴国外先进实践，结合中国目前计划——市场转型的国情以及政府和企业社会责任理论，通过中国企业社会责任发展阶段分析、动力分析、利益相关者分析，对我国基于企业社会责任建设的政府作用进行定位，得出中国政府在企业承担 CSR 中应起主导作用的结论。针对我国 CSR 的现状，结合中国国情，借鉴西方发达国家的成功经验，根据经济动力、道德动力、制度动力因素分析，得出我国政府应在 CSR 活动中主要扮演规制者、推动者、监督者三种角色的结论。

第二部分从企业和政府两个方面，关注并分析我国目前企业社会责任的现状，深入挖掘我国政府在推动企业承担社会责任方面存在的问题，主要从政府角色角度，总结出三大问题：第一是作为 CSR 的规制者，我国企业社会责任法制建设落后；第二是作为 CSR 的推动者，我国企业社会责任推广不力；第三是作为 CSR 的监督者，我国政府在企业社会责任建设中监督滞后。

第三部分则是从伦理学视角反思企业社会责任建设问题。企业社会责任的履行是企业在享受社会赐予权利的同时，以应有的伦理道德义务回报社会的行为。因此，企业在追求利润的同时要承担对利益相关者进行权益保护的义务。而从企业自身的伦理价值观视角来看，企业经营与道德是否有关，企业是否应当承担社会责任以及企业该如何承担社会责任等问题都存在着模糊的观念，企业徘徊于自身道德与利益的博弈之间，以至于在现实的企业社会责任主体缺位的背景下，企业崇尚利益至上观念，权利与义务出现严重的失衡现象，对各类利益相关者的权益造成了实质性的伤害。企业逐利本性与道德义务责任相互矛盾，企业逐步陷入权利困境。

企业背弃其社会责任而将原本需要承担的成本及责任义务转移给消费者、企业劳动者、自然环境等利益相关方或关系客体，从而给他人和社会利益造成损害及一些不良的道德影响，这就是经济发展的伦理代价。伦理代价实际上反映的是一种成本转移及责任缺失现象。企业承担社会责任是企业为改善利益相关者的生活质量而贡献于可持续发展的一种承诺。因为对这种伦理代价的责任界定在目前法律规范、社会认知及问题解决等方面，缺乏足够反思与共识。因此，在缺乏明确的可操作化法律规范的情况下，需要从伦理的视角，用理性的认识思考与探讨企业社会责任背弃所带来的代价转移问题。

只有平等地分配社会角色及其权利和义务，让每一个社会成员都能平等地享有权利和履行义务，才会有真正意义上的社会公正。平等所强调的是权利与义务的均等，而公正突出的则是均衡和合理。公正所强调的是各方的权利与义务的平衡，企业履行社会责任是对社会所损失的那部分权利的弥补，是对社会权利的保障，相应地，企业权利也应该得到保障，也就是说企业对社会的弥补并不是完全没有限度的，企业履行社会责任的限度以企业的权利与义务平衡为基础，这是社会公正的另一种体现。所以我们极为强调社会公正对于企业履行社会责任的重要性，只有秉持社会公正的理念并在全社会营造公正的氛围，才能使企业积极履行社会责任。

企业社会责任的履行主体必然是形形色色的企业。但是在当代历史条件下，分工造成的利益的分裂与对立，使得个人利益与公共利益存在冲突。企业经营活动的出发点首先是本身，这样就会使企业片面追求自身利益，而忽视了其应该承担的社会责任，因此需要政府发挥主导作用，构建企业社会责任体系。然而就社会发展的终极价值目标而言，政府对公共利益的维护是有限度的，因此政府要进一步发挥主导作用，构建相关诱导机制，促使企业改变观念，实现伦理自觉，这样才能更好地解决企业社会责任问题。

第四部分针对我国基于 CSR 建设的政府作用出现问题的原因，提出探索性意见和对策。在现实的经济发展环境和条件约束下，政府对企业社会责任的履行负有不可推卸的责任，甚至起着主导作用。

关键词：企业社会责任；政府作用；对策

目录

导 论

在伦敦奥运会召开之前，一场关于企业社会责任的争议风波已经蔓延到了奥运会的组织筹备过程中。事情起因是印度政府致信国际奥委会主席罗格，以奥运会赞助商之一的陶氏化学公司收购曾经制造了印度博帕尔毒气惨案的联合碳化物公司为由，要求取消该公司对伦敦奥运会的赞助资格。

博帕尔惨案是企业社会责任发展史上的一个悲惨教训，指的是发生在1984年12月3日晚上的一起重大毒气泄漏事件。当时，美国联合碳化物公司设在印度中央邦首府博帕尔市郊的化工厂发生有毒化学气体泄漏，40吨有毒气体逃逸出来，形成毒气浓雾，开始向博帕尔方向飘去。当晚天气凉爽，温度约为华氏60度，几乎没有什么风，这些自然情况阻止了浓雾的飘散，加剧了灾难的程度，浓雾缓缓穿过火车站，进入家庭、商店和庙宇，在街道和胡同中徘徊。所到之处，留下的是人畜的尸体，以及一片恐慌。估计死亡人数达2500人，中毒者达50万人以上。比死亡人数更为触目惊心的是人们垂死时的可怕状况——成群的男男女女以及儿童在黑暗中发疯似的狂奔，身体抽搐，就像中了这种毒药的昆虫一般。成千上万人挣扎着赶去医院，去诊所，医治灼伤的双眼和灼痛的肺部，结果造成医疗混乱，几乎不做病历记录。灾难也给环境、土地和牲畜带来了严重的危害，估计有2万头牛死亡。远期的影响更大：成千上万人失去全日制工作的能力；儿童们呼吸困难，记忆力下降；有些人严重呕吐达数月之久；怀孕妇女中，在灾难发生时几乎有1/4处在妊娠期头三个月，她们或者流产，或者早产，或者生下畸形儿；此外还有普遍存在的心理问题——抑郁和焦虑。事后美国联合碳化物公司认为这起事故缘于印度员工的操作失误及蓄意破坏。该公司认为，灾难是由于一名工人因不满而蓄意捣乱造成的。这样做的目的并不是想制造骇人听闻的大灾难，只是存心捣乱，想毁掉整个公司。印度政府不同意这种看法，宣称发生灾难的原因是工厂所处位置危险，有毒气体不安全生产和储存，安全系统不完善，操作错误以及本可以避免的雇员问题等。1989 年 2 月，在漫长的审判程序后，该公司支付了 4.25 亿美元了结了因毒气泄露而引起的所有诉讼后逃离了印度。

2001 年，陶氏化学公司收购了联合碳化物公司，但坚持拒绝对博帕尔惨案负任何责任。2010 年 7 月，陶氏成为奥林匹克 11 个全球合作伙伴之一，双方合约长达 10 年。据英国广播公司 BBC 报道，伦敦奥运会将从陶氏获得超过千万美元的赞助费，包括"伦敦碗"在内的部分奥运场馆的外墙材料也由陶氏埋单。

据国内有关媒体报道，对于奥运会接受陶氏赞助，印度方面自 2010 年夏天开始，就由国家奥委会出面掀起一波抗议声浪。但罗格认为，博帕尔惨案发生时，陶氏尚未完成收购，因此与该事件没有任何联系。他还在回复给印度奥委会的信中强硬表态：陶氏支持奥运会 30 年，部分资金用于支持各国（或地区）奥委会，其中就包括印度奥委会；抵制陶氏成为奥运会赞助商的行为，会伤害到印度体育运动的发展。

但是印度没有停止抗议。这一次，抗议升级到政府层面。在这封同样写给罗格的信中，印度体育部联合秘书巴特纳格尔代表印度政府表示："我们珍惜和信奉奥林匹克运动的崇高理想，坚信没有比运动更好的媒介，传递和促进世界人民间的友谊和团结。因此，印度政府将强烈敦促国际奥委会更多地考虑人权、同情和团结，立即采取措施撤回与陶氏的合作，从而宽慰数百万人的感情，并向世界发出一个强烈信息，维护奥林匹克运动的崇高理想。"

除政府声明外，一份由两万余人签名的请愿书，已由印度活动家递交给设在新德里的英国高级委员会。在英国体育部门所在地外，博帕尔灾难的受害者们高举火把和横幅抗议游行，并表示除非奥运会取消陶氏赞助权，否则他们将让类似的抗议活动持续下去。而据解密消息披露，陶氏曾雇佣情报分析公司收集抗议博帕尔惨案的所有报道，并监视活跃分子的抗议活动。这也从某种程度上表明，陶氏虽然声称与事件无关，却仍在顾忌毒气事故的影响及其对公司形象的冲击。

博帕尔惨案是人类挥之不去的心灵创伤，但同时它也是企业社会责任开始为人接受并广为传播的重要推动力量。印度的抗议行动既是对过去抗议的延续，实际上也是对现代社会商业利益高于企业社会责任现状的一种抗议。现代社会商业利益与社会责任何者更重要的问题已经引起全人类更多的关注和反思。在商业利益面前仍有有识之士呼吁企业勇敢承担其应负有的社会责任。在伦敦奥组委内部,一位名叫亚历山大的伦敦奥运会后续发展委员会委员为此愤然辞职,他说他不愿为陶氏辩护,让陶氏退出奥运会赞助才是真正负责任的做法。商业利益和企业社会责任之争已构成现代社会的一大焦点问题。

在问题背后我们急切地寻求企业社会责任运动的价值支点。近年来,随着经济全球化和大规模工业变革的推进,企业社会责任问题越来越受到全球的关注,企业对国家乃至全世界可持续发展的影响则成为日益关注的焦点。20 世纪 90 年代以来,国际上形成了一股声势浩大的企业社会责任运动浪潮,国内大矿难、毒奶粉、水污染、太湖蓝藻等事件频发造成了无法挽回的灾难和损失,在企业的“自然界”中有市场、政府、社会,就好比生命环境里有水、空气、阳光一样,企业履行社会责任如同其维持生命运动一样重要。[1]

(一)劳动者权益保护

经济大萧条曾经一度导致西方发达国家尖锐的劳资矛盾产生,工人们联合起来,进行了一次又一次的维权斗争,在劳动者权益保护方面得到了越来越多的保障和重视。20 世纪 90 年代中期以来,北美和欧洲的工会、消费者、学生及宗教组织联合发起了跨国性的“反血汗工厂运动”[2]。伴随着公司纷纷制定自己的生产行为守则,一些行业性、地区性乃至全国性的行业组织和非政府组织也制定了各不相同的生产行为守则。很多国际组织纷纷制定了外部社会责任守则,其中影响最大的是 SA8000,即由社会责任国际(SAI)制定的全球首个社会责任管理体系。1999 年 1 月,时任联合国秘书长的安南,提出了全球契约,涉及包括尊重人权、禁用童工、反对强迫劳动、消除工作场所歧视等在内的 9 项关于企业社会责任的原则。

随着中国企业进入全球公司供应链,几乎所有的欧美企业对其全球供应商实施社会责任评估和审核,通过评估,才能建立合作关系。这些原本旨在维护劳工权益的守则及认证,目前俨然已经演化成一种新型的贸易壁垒,SA8000 已经成为中国企业进入跨国公司供应链和产品出口西方发达国家的一块重要的“敲门砖”。

---

〔1〕 李立青,李燕凌.企业社会责任研究[M].北京:人民出版社,2005:1.

〔2〕 王秀梅.公司社会责任运动与中国劳工权益保护[J].长安大学学报(社会科学版),2005(3):68—72.

(二) 消费者权益保护运动

在自由化的市场经济下，消费者的“货币投票”对商品生产者和销售者具有终极的影响力。不论是中小企业，还是跨国公司，最终都必须服从于消费者的选择。[1]

美国是消费者权益保护运动的发源地。20世纪初期，美国的消费者组织在食品和药品领域掀起了以争取洁净食品、药品为目标的维权斗争。随后，消费者运动的领域进一步拓展，开始从一般消费品逐步延伸到汽车家电等耐用消费品，进而逐渐触及对消费者受损事件的受理态度、服务质量、环境损害、消费者自我保护意识的培养、垄断定价等众多方面。[2] 中国加入WTO之后，消费者运动在我国有了更长足的发展。我国从1986年开始，消费者协会开始举办一年一度的“3·15国际消费者权益日”宣传咨询服务活动；从1991年开始，每年都与中央电视台等部门联合举办“3·15”专题晚会；1997年开始，每年确定一个活动主题，把消费者运动推向新的阶段。在瘦肉精事件发生后，双汇公司紧急召开职工大会，做《履行企业责任确保食品安全》的报告，并对消费者致歉。显而易见，目前，消费者对不履行企业社会责任的公司“用脚投票”已成为企业社会责任运动的一个显著标志。

(三) 环境保护运动

世界环境保护运动发源于20世纪60年代末70年代初，1972年6月5日至16日，在瑞典斯德哥尔摩召开的联合国首次人类环境会议制定了《联合国人类环境会议宣言》，揿开了人类环境保护的序幕，环保运动汇合成一股绿色潮流而席卷全球，深深地影响着人类社会生活的各个方面。[3] 20世纪70年代以来，西方发达国家环境污染事件不断，民众要求政府治理和控制环境污染、保护环境的呼声越来越强烈。1976年意大利塞维索化学污染事故、1979年美国三里岛核电站泄漏事故、1984年印度博帕尔化工厂毒气泄漏事故、1986年苏联切尔诺贝利核电站泄漏事故等悲剧性事件造成了严重恶果，引发了广

〔1〕 劳动和社会保障部劳动科学研究所课题组.企业社会责任运动的兴起直接源于消费者运动的压力[J].经济研究参考，2004(3)：81－84.

〔2〕 卢代富.企业社会责任的经济学与法学分析[M].北京：法律出版社，2002：163－164.

〔3〕 吕一群.环保运动对国际贸易的影响及我国的对策[J].湖北经济学院学报(人文社会科学版)，2005，2(1)：27－30.

泛的群众抗议活动。[1] 越来越多的民众开始对不负责任的、破坏环境和生态的企业说“不”。

在生态环境保护运动中，非政府组织(NGO)是政府、企业和公众联系的桥梁和纽带，比如在美国，包括绿色和平组织、环境保护基金会、全国自然资源保护委员会、荒野协会、全国野生动物联合会等在内的组织对促进美国企业履行生态环境以及资源保护方面的责任起到了极其重要的积极作用。

(四) 媒体舆论的大力宣传

媒体，社会的守望者。媒体和舆论对企业承担社会责任具有监督、引导、激励以及带动作用。目前，在世界范围内，主张企业承担社会责任的舆论已占据企业社会责任话语权的主导。各类媒体充分利用舆论压力对企业社会责任运动推波助澜。比如：美国《财富》杂志每年都有“最受赞赏公司”排名，中国《南方周末》也有中国企业社会责任评选，《中国新闻周刊》2005、2006 年推出企业社会责任系列活动，中国医药企业管理协会、人民网举办“2010 中国医药协会社会责任论坛暨医药企业社会责任”活动，新浪网举办“2010 中国上市公司社会责任评选活动”，等等。网络、微博等作为新兴的媒体，也加入到了企业社会责任舆论监督大军中。

(五) 倡行者的积极实践

一些知名跨国公司和大型企业成为企业履行社会责任的积极倡行者。迫于企业社会责任运动的影响和一些企业家伦理意识的觉醒，越来越多的大型本土企业和知名跨国公司开始重视企业社会责任建设。比如著名企业家洛克菲勒就认为：“随着时代的发展，公司不能再一味地保守私人利益，以使某些个人得以积聚财富而不顾那些参与财富形成过程中的人的社会福利、健康与快乐，相反，应将公司产业作为社会服务的一种形式。”[2]很多大型企业在其官方网站上都有专门的企业社会责任列项，比如中国平安集团指出：平安作为企业公民，倡导并履行主流的社会价值观念和道德理想，在为社会创造价值的同时，积极承担起企业社会责任。[3] 通过调查发现，越来越多的本土企业和知名跨国公司在全球范围内积极倡行企业社会责任。

---

〔1〕 滕海键. 试论 20 世纪 60—70 年代的美国环境保护运动[J]. 内蒙古大学学报(人文社会科学版). 2006,38(4):113—117.

〔2〕 卢代富. 企业社会责任的经济学与法学分析[M]. 北京：法律出版社，2002:164.

〔3〕 http://about.pingan.com/qiyeshehuizeren/zerenbaogao.shtml.

此外我们还迫切需要建构企业社会责任的伦理话语体系。不同于实践领域，在理论界，企业社会责任理念自诞生之日起就置身于巨大的争议之中。在斯密的自由竞争思想、达尔文进化论思想的影响下，资本主义国家的企业都把追求利润最大化当成其唯一的责任，由此导致西方国家一系列社会问题的出现，如贫富差距悬殊、生态环境破坏严重、资源消耗过度、失业人口剧增等，这些现实问题引发了社会各界人士的深刻反思[1]，并引发了关于企业是否应该履行其相应的社会责任的讨论。这场讨论主要表现为两大论战。

1. 企业承担社会责任支持派

支持者认为企业社会责任不只是创造利润，还包括保护和增进社会福利。例如诺贝尔经济学奖获得者萨缪尔森就认为："当今的大公司不只是可能参与社会责任，而是非常应该去承担社会责任。"[2]孔茨认为企业应当承担社会责任，就是要认真考虑公司的一举一动对社会的影响。[3] 格里芬认为企业承担社会责任是在提高本身利润的同时，对保护和增加整个社会福利方面承担责任。[4] 美国著名管理学家卡罗尔教授强调："企业社会责任意指某一特定时期社会对组织所寄托的经济、法律、伦理和自由决定(慈善)的期望。"[5]

2. 企业承担社会责任反对派

与支持者相对应的是一些反对派的强烈攻势，比较有代表性的是一些信奉自由经济理论的经济学家和管理学家。比如，美国学者曼尼早在 1962 年就撰文反对企业承担社会责任："如果公司要在一个竞争程度大的市场上出售产品，它就不可能从事很多的非利润最大化的活动，如果它一定要这样做，那么很大程度上无法生存。"[6]十年后，他仍然指出："大部分关于公司社会责任的观点的一个根本缺陷就是没有认识到公司是一个经济组织，很大程度上，是建

〔1〕 段玉明. 企业社会责任的伦理维度研究[D]. 重庆：西南大学，2010：7.

〔2〕 Bruck, Gilbert. The hazards of corporate responsibility[J]. *Fortune Magazine*, 1973(1): 114－136.

〔3〕 哈罗德·孔次，海因茨·韦里克. 管理学[M]. 郝国华，等，译. 北京：经济科学出版社，1993：689.

〔4〕 里奇·W. 格里芬. 实用管理学[M]. 杨供兰，等，译. 上海：复旦大学出版社，1989：73.

〔5〕 阿奇 B. 卡罗尔，安 K. 巴克霍尔茨. 企业与社会：伦理与利益相关者管理[M]. 北京：机械工业出版社，2004：23.

〔6〕 Manne & Henry G. the "higher criticism" of the modern corporation[J]. *Columbia Law Review*, 1962, 62(3): 416－432.

立在全体成员的自利动机之上的。"[1]以经济学奖得主弗里德曼为代表的持古典观点者认为企业唯一的社会责任就是追求利润最大化。他指出：有一种越来越被普遍接受的观点，认为公司的管理者和工会的领导人在满足他们的股东或成员的利益之外还要承担社会责任。这种观点在根本上错误地认识了自由经济的特点和性质。在自由经济中，企业有且仅有一个社会责任——只要它处在游戏规则中，也就是在开放、自由和没有欺诈的竞争中，那就是要使用其资源并从事经营活动以增加利润。[2] 还有其他一些经济学家，如哈耶克、波斯纳等也强烈反对企业承担社会责任。

面对反对者猛烈的攻势，支持者也进行了反击。并且，随着20世纪企业组织的飞速发展，企业社会责任的支持者的队伍在不断扩大，至今"中外大多数的见解均认为企业应负社会责任，此点应无疑义"[3]。管理学、法学、经济学、社会学等多种学科分别从不同视角和层面对企业社会责任进行了探讨和支持，但是仍然缺乏系统的研究思路、缜密的逻辑方法，没有从理论上系统地澄清企业社会责任的合理性和必然性等问题，企业社会责任呼唤伦理考量。

[1] Manne & Henry G. the social responsibility of regulated utilities[J]. *Wisconsin Law Review*, 1972(4): 998—1001.

[2] Friedman & Milton. *Capitalism and Freedom*[M]. Chicago: Chicago University of Chicago Press, 2002: 133.

[3] 刘连煜. 公司治理与公司社会责任[M]. 北京：中国政法大学出版社，2001：6.

第一章 全球化时代中的企业社会责任研究

第一节 研究背景

(一) 全球化时代中的企业社会责任

早在20世纪初期,西方学者就提出了企业社会责任的概念,20世纪70年代以后,随着西方国家经济的快速发展,出现了大量的环境和社会问题,企业社会责任开始进入人们的视野,进入21世纪以后,经济全球化进一步发展,企业社会责任得到国际社会的广泛关注。

经济全球化成为当今世界的一种主流趋势,所谓经济全球化,是指全球经济关系日益密切的一个动态发展过程。尤其值得注意的是,经济全球化是与知识经济条件下的信息技术相适应的,它以科技进步与现代信息网络为基础,通过日益频繁的国际经济交往,使经济资源在全球范围内进行重新组合和配置。经济全球化的重要特征就是国际劳动分工,并通过国际贸易、国际金融和国际投资活动的自由化扩张得以体现,使就业岗位在全球范围内进行重新整合。

国际企业社会责任运动发展的趋势是要在国际竞争中获得竞争优势,企业就必须履行高水平的社会责任。在欧美国家的企业界,企业社会责任已经上升到战略性管理层面,更有甚者则把企业管理看成是对一系列广义社会责任问题的管理。中国本土企业履行社会责任总体水平较低,这在很大程度上削弱了中国企业在国际市场上的竞争力。中国加入WTO以后,国内企业所面对的竞争对手将是可以呼风唤雨的大型国际集团。如果要打入国际市场,与这些大型跨国公司进行抗争,就必须遵守国际社会上的运作规则,而遵循相关国家的企业社会责任准则是首要前提。比如当前许多发达国家的采购商对发展中国家的加工企业进行责任审核，以作为市场准入的标准，一些企业界的人士认为其实质可以说是新的“贸易壁垒”。更为奇怪的是部分采购商只对中国的企业有社会责任要求并且要求必须进行评审，而对在其他国家的分厂则没有要求。

目前许多中国出口企业靠低廉的劳动力成本获得竞争优势，在这种情况下，要求其履行社会责任达到高水平的标准，肯定会对这类企业形成巨大的冲击。从企业长期发展和社会稳定的角度来看，这种以低廉劳动力作为竞争优势的方式本身是不可取的，也是不能持久的。如果有大量的企业靠拖欠工资、生产伪劣产品、污染环境等方式来经营，可以想象，这对整个社会的和谐、稳定和可持续发展将带来巨大的负面影响。

经济全球化把中国的社会发展纳入了世界轨道，中国离不开世界，世界也离不开中国。二者相互影响，相互制约，处于互动的过程中。

中国的社会发展已经或正在受到经济全球化发展趋势多方面的影响。经济全球化趋势对企业社会责任的影响是不言而喻的，世界各国政府都在这场运动中找寻自己的位置，我们必须思考：在我国的现有国情下，中国政府对企业承担 CSR 过程中应当发挥什么样的作用？如何对自己的职能进行合理定位？如何确定好政府干预的范围、内容、方式及力度？如何处理好政府和市场、企业和社会的关系？

（二）中国的社会背景

随着中国逐步介入全球化，全球 500 家大公司已有 2/3 以上在中国设立了企业或机构。中国制造业在世界的地位正逐步上升。与此同时，中国的劳工问题也日益突出，并被国际社会所关注。显然，中国有众多出口加工企业直接面对社会责任的检验。由于西方消费者关注所购商品是否在符合社会道义的情况下生产的，国外的经销商们也要求通过各种严格的认证与管理体系（如 SA8000 劳工认证体系）来向消费者证明自己的“清白”，一批批高素质的、具有全球战略眼光和胸怀的企业家不断脱颖而出，在企业逐步成为市场竞争主体的同时，这些企业家也成为市场竞争的主角。企业应当承担社会责任的观点不仅被他们一致认同，而且已经成为他们自觉的具体实践。比如在 5·12 汶川地震后，很多企业自愿动员捐款赈灾。由于市场经济存在趋利性，也有一些企业出现了许多令人担忧的现象，如少数企业为了追求短期经济利益，环境污染愈发严重，假冒伪劣产品屡禁不止，企业偷税、漏税现象时有发生，职工安全与健康得不到有效保护，消费者利益得不到保证，等等。这些现象不但严重损害了社会、职工和消费者利益，也给企业的形象和声誉带来了不利的影响，引起了我国现阶段的许多矛盾，暴露了我国一些企业在承担社会责任方面的不足。

中国是一个发展中国家，人们的制度、法律、道德观念还比较淡薄，国有、民营企业对企业社会责任还缺乏足够的认识和理解。所以，不论从国际背景还是从国内背景来看，我们的企业都应该尽快了解并承担起应有的社会责任，以获得更好更快的发展。

（三）国内外研究述评

自从1924年美国学者谢尔顿首次提出企业社会责任（Corporate Social Responsibility，简称CSR）的概念以来，对企业社会责任的研究在西方已经历经近一个世纪，其成果有如汗牛充栋。无论是管理学、经营学、经济学，还是社会心理学、社会学以及伦理学，公司社会责任问题研究都是热点。综观各家之言，对企业社会责任的研究，包罗万象，有企业社会责任概念研究、企业社会责任边界研究、企业社会责任标准研究、企业社会责任投资研究等内容，而本文的视角集中在基于企业社会责任的政府职能的研究，国内外针对这一问题已有一些文献成果，现对其进行评述。

1. 西方学者的研究述评

国外大多数对政府和CSR的研究都表明了政府在推动企业履行社会责任过程中扮演新角色的紧迫性，最初介绍政府的CSR作用争议的文章可以追溯到20世纪90年代（Moon and Sochaki，1996）。

FOX提出新的公共部门角色，政府为CSR提供一种环境：命令式（立法的）；推动式（指导方针）；合伙人（结合多个利益相关者）；认可工具（公开）。类似地，Lepoutre认为政府是起到战略作用，来管理制度上的不确定（积极的，调整的）以及目前公共行为的一般的工具，管理战略上的不确定性（公共信息运动，组织的报告、分类、合同以及动机）。也有一些学者以公—私合伙人（与企业社会责任相关联）的新框架来解决社会问题，促进企业、社会组织和政府的和谐性。

另外一个比较重要的研究，是Joseph提出的“软政策”工具，其中提到，通过软工具的运用形成具有合作性的、推动性的政府——通常是同私人部门合作。

相关的文件整合成一个新的视角，其中欧洲特别突出，包含欧洲委员会关于 CSR 的官方文件：绿皮书《提供一种企业社会责任的欧洲模式》(2001)；通讯《企业社会责任：一种对可持续发展的商业贡献》(欧洲委员会，2002)；通讯《为成长和工作实施一种合伙关系：让欧洲成为企业社会责任的完美支点》(2006)。

其他研究基于地理因素，对欧洲和北美体制的不同政府行为和 CSR 文化进行比较研究。Aaronson 和 Reeves 分析指出，在最近的十年中，欧洲的政策制定者们通过一系列主动的公共行动来促进 CSR，而美国则很少。他们分析指出，欧洲企业对公共政策的认同比美国企业要多。作者解释说这种差异是基于国家的不同的企业文化而产生的。这一研究指出欧洲企业"当政府提升社会条件时，它们在可控制的环境中更加舒适"。"企业希望政府能够关注它们更多，政府也愿意更加关注企业。欧洲企业领导者相信 CSR 政策可以帮助他们在易变的混乱的全球化经济秩序中寻找到他们的路径。"

所有的这些相关性研究让我们把这些文化差异同 Matten 和 Moon(2005)的对欧洲 CSR 和美国 CSR 模型的比较研究相联系，对他们来说，CSR 作为一种自愿式的企业政策是相当接近的，在欧洲背景下是一种离散的现象，原因是起源于历史的关于信任和权力关系的不同模型，而相反的是，在美国更多的是自由主义的模式。所以，作者提出这种观点：在美国，有一种"清晰的 CSR"，相反，欧洲更多的是"暗示的 CSR"。清晰的 CSR 涉及相关政策来指导企业回应社会的具体需要，在美国，包含了自愿的、自我利益驱动的企业政策，项目和战略是 CSR 的一部分。不同的是，在欧洲，"暗示的 CSR"涉及国家的正式的、非正式的制度，通过这些，企业对整个社会需要负责，这些制度通过协议来指派企业和企业社会角色。然而，作者提出，在过去的几年中，"清晰的 CSR"也开始在欧洲生根，在 CSR 自愿主义的影响下，引导更加自愿自主的 CSR。

西方学者特别是欧美学者针对基于 CSR 建设的政府作用的研究已经渐成系统，并运用多种研究方法关注政府在 CSR 中的作用，但其研究还未关注到中国领域，这是一个空白，有待进一步研究。

2. 我国学者的研究及其局限性

国内目前关于企业社会责任的研究也是一个热点，有一些学者的部分课题涉及这方面的内容。学者们普遍认同政府在推动企业履行社会责任方面的巨大潜力和积极作用。但是其中大多数的研究都把企业作为研究主体，而对政府在企业社会责任中的作用只做了浅显的介绍，而且内容上多从法律角度进行思考和阐述。这虽然符合当前我国各项法律法规尚不完善、法律执行方面仍然存在许多漏洞的现状，但是从研究角度看，视角有些狭窄。又鉴于政府在现阶段我国社会主义市场经济体制建设中起主导作用，此问题仍值得进一步研究。

首先，关于企业社会责任中政府的职能主要聚焦于制法、执法、监管和营造环境。因为在目前中国，缺乏推进企业履行社会责任的社会基础和各种社会力量，因此政府的引导和推进作用更加明显。比如徐州师范大学人文社会科学基金资助项目"政府在企业承担社会责任中的角色分析"中，康彩霞等人认为：应在角色归位中发挥政府在企业社会责任中的作用，即普及企业社会责任知识，帮助企业建立正确的社会责任观念，建立健全法律法规，加强对企业的监管。朱锦程在《政府、企业与社会三者关系中的中国企业社会责任监管机制》一文中认为政府是企业社会责任的管制者；社会是企业社会责任的监督者和推动者；企业是企业社会责任的实施者。企业作为社会"私人领域"的治理主体，履行企业社会责任的主体在于企业，但企业实施社会责任的环境因素，也对企业社会责任管理产生重要影响，政府作用更是重要。现阶段，我国企业在承担社会责任方面存在诸多问题的一个根本原因就在于，有关的法律、制度不完善，政府缺乏必要的管制和引导。江苏省教育厅高校哲学社会科学基金项目"SA8000与企业人力资源管理策略研究"中，童举希、陈卫民认为政府推进企业承担社会责任可以从以下几个方面入手：第一，采取有效措施，转变地方官员严格执法会损害投资环境的错误观点，树立严格执法有利于净化投资环境，有利于提升地区和企业竞争力的观念；第二，制定和完善有关强化企业社会责任的法规，加强对企业承担社会责任的监督；第三，在政策机制上对企业形成激励和约束。另外，SA8000作为目前世界上唯一明确规范企业社会责任的标准受到世界各国的重视。但是强制在发展中国家实施发达国家根据自己标准制定的一系列规范必定不符合实际。因此，许多学者建议政府出面组织制定符合中国国情的一整套企业社会责任标准。比如，江苏省教育厅高校哲学社会科学基金项目"SA8000与企业人力资源管理策略研究"中童举希、陈卫民认为建立企业社会责任标准，开展企业社会责任评价；吸收SA8000等国外社会责任标准合理的条款，根据各地区、各行业的具体情况组织有关部门制定"企业社会责任地方(行业)标准"；政府组织有关部门对企业社会责任定期评估，使企业履行社会责任从自律开始逐步过渡到第三方认证，形成制度化、规范化的管理体系，使我国的企业社会责任管理与国际接轨。标准的权威虽比不上法律，但是标准仍是一系列规范行为的条款。杨丛樱、尤琴在《民营企业社会责任履行与政府监管的博弈论分析》一文中认为，政府应该努力推动建立完善的市场信誉机制，并用重复博弈取代一次性博弈，最终将增加民营企业履行社会责任的长期收益，从而促使更多的民营企业主动履行社会责任。

其次，在关注用法律制度规范企业行为的基础上，不少学者也提出了一些其他职能。他们认识到企业社会责任的履行需要多元推动主体参与，而政府扮演的应该是推动和激励这些主体进行参与的角色。比如，朱锦程在《政府、企业与社会三者关系中的中国企业社会责任监管机制》一文中认为政府在推动企业承担社会责任中的角色定位是掌舵而非划桨。即政府只是在宏观方面进行政策性指导和调整，具体操作方面应该鼓励社会组织多样化地参与。江苏省教育厅高校哲学社会科学基金项目“SA8000与企业人力资源管理策略研究”中，童举希、陈卫民认为应进一步发挥工会的作用。工会是广大劳动者自己的组织，在当前的形势下更应该发挥出应有作用，为维护员工权益积极与企业进行“集体协商”和“集体谈判”。地方政府要加快推动基层工会的组织建设，为工会维权保驾护航，促使企业劳资双方平等协商，创建和谐的劳资关系。

从上述内容可以看到，我国对政府在促进企业履行社会责任的作用方面的研究主要还处于引进和讨论阶段。研究的人还不多，角度较窄，大多采用罗列的方式，有待进一步研究。

第二节 研究主题

（一）概念界定

1. 企业社会责任

企业社会责任这一概念，于1924年由美国人谢尔顿最早提出，不同的学者有不同的理解，目前国际上没有普遍认可的关于企业社会责任的定义。以弗里德曼为代表的持古典观点者认为企业唯一的社会责任就是追求利润最大化。弗里德曼在20世纪80年代末，修正了自己以前不承认企业有社会责任的观点，认为组织应当承担社会责任，但这种责任仅限于为股东实现组织利润的最大化。认为企业履行社会责任的唯一目的就是企业财务绩效。弗里德曼总结道:“在自由社会,存在且仅存一项企业社会责任,这就是在遵守游戏规则的前提下使用其资源和从事旨在增加利润的各种活动。”

对这一观点持批评态度的持社会经济学观点者认为企业履行社会责任不只是创造利润,还包括保护和增进社会福利。与此相关,产生了一系列的定义。哈罗德·孔茨认为公司应当承担社会责任,就是要认真考虑公司的一举一动对社会的影响。里奇·W.格里芬认为企业履行社会责任是在提高本身利润的同时,对保护和增加整个社会的福利方面承担责任。罗宾斯把社会责任定义为企业追求有利于社会的长远目标的一种义务,它超越了法律和经济所要求的义务。

利益相关者理论明确指出“企业对界定清晰的利益相关者负有社会责任”。与传统的股东至上主义的主要区别在于,该理论认为任何一个公司的发展都离不开各种利益相关者的投入或参与,企业追求的是利益相关者的整体利益,而不仅仅是某个主体的利益。这些利益相关者包括企业的股东、债权人、雇员、消费者、供应商等交易伙伴,也包括政府部门、本地居民、当地社区、媒体、环境保护主义者等,在这种法律实体中,交汇的契约既有经营者与所有者之间的契约、经营者与雇员之间的契约,还有企业作为债权人与债务人之间的契约、企业作为供应商(或消费者)与消费者(供应商)之间的契约、企业作为法人与政府之间的契约等。这种企业与利益相关者之间遵循的所有契约形式总称为综合性社会契约。这样,企业的行为实际上就成了一组复杂契约系统的均衡行为。

另外还有一些社会组织对企业社会责任进行过界定。世界银行把企业社会责任定义为,企业与关键利益相关者的关系、价值观、遵纪守法以及尊重人、社区和环境有关的政策和实践的集合,是企业为改善利益相关者的生活质量而贡献于可持续发展的一种承诺。

欧盟对企业社会责任的定义为,公司在资源的基础上,把社会和环境密切整合到它们的经营运作以及与其利益相关者的互动中。

总部设在美国的社会责任国际组织(Social Accountability International,SAI)所确立的概念是,企业社会责任区别于商业责任,它是指企业除了对股东负责,即创造财富之外,还必须对全体社会承担责任,一般包括遵守商业道德、保护劳工权利、保护环境、发展慈善事业、保护弱势群体等。

综合以上各种观点,我们认为企业社会责任是企业在谋求股东利润最大化之外所负有的增进社会公益的义务。企业社会责任的主体是指作为独立法人的企业；企业社会责任的客体，即企业社会责任所指向的对象，是指非股东利益相关者。企业社会责任对象的界定是由企业所涉及的社会责任关系所决定的。由于企业社会责任关系是一个变化的范畴，因此在不同时期、不同体制下，企业社会责任的对象也会有所不同。根据现代企业在社会主义市场经济条件所涉及的利益关系的范围，我们认为，企业责任的对象主要有消费者、员工、合作伙伴、社区、国家、生态与环境及其他社会责任对象。

从外延上来说，对企业社会责任的理解有狭义和广义两个方面，狭义的企业社会责任是指企业在制度约束允许的范围内的使用资源的各种活动，认为企业社会责任仅限于制度、法律、法规、规则、职业规范范围内所要承担的责任。这类行为属于非自愿的行为，并通过法律、法规的强行规定，或由政府借助激励机制的引导来执行。广义的理解是企业不仅承担由制度规定的一些责任，还主动追求和承担有利于社会长远目标的一种义务。企业社会责任既包括企业非自愿行为，也包括企业的自愿行为。这种自愿行为是承担制度之外的一些社会性的义务，如增进社会公平、促进教育、支持政府、发展文化艺术事业、支持慈善事业、保护弱势群体等，这些由企业主动实施，并由企业始终发挥主导作用。这也是两个层次，前者是低层次，后者是高层次。

2. 政府相关概念

政府，世界银行在《1997 年世界发展报告：变革世界中的政府》中的定义是：指拥有法律强制手段的一套机构，这种强制力可以在既定的领土上及其人口即社会之内行使。政府是一种拥有强制力的、行使国家权力的组织。本文所采用的是政府的狭义定义，即政府是指国家权力机构中的行政机关。

政府职能，是指政府根据社会发展需要而应履行的职责及其所应起的作用与能力。对于政府职能的内涵，国内行政学界可以说是众说纷纭，总的来说包括以下三种：一是认为它是能力和作用的结合；二是认为它体现的是职责和功能；三是认为它表现为职责和作用。不管哪种说法，其本质都是一样的，都是指政府作为国家行政机关，根据社会发展需要而应履行的职责及其所应起的作用与能力。政府职能从本质上说就是要保证全社会的公平和效率。政府作为国家的公共权力机构，其基本职能就是维持、处理国家的公共事务。从政府职能作用的领域看，政府职能可分为政治职能、经济职能、教育科学文化职能和其他社会职能。政府的职能随着社会进步和经济发展而发生变化，同时，政府自身的成熟程度和技术的允许程度，也影响到政府职能的变化。

（二）研究意义

1. 理论意义

1924 年美国学者谢尔顿首先提出企业社会责任这一概念，当时未引起重视，1953 年，霍华德·鲍恩出版了《企业家的社会责任》一书，使企业社会责任正式走进人们的视野。20 世纪 70 年代以来，企业社会责任运动开始在欧美发达国家逐渐兴起。进入 21 世纪以后，随着经济全球化的进一步深入发展，企业社会责任得到国际社会的广泛关注，理论界也把企业社会责任作为一个热点问题来探讨，西方特别是欧洲国家对政府在企业承担 CSR 中的作用有一些深刻认识，但遗憾的是，由于我国国情的特殊性和复杂性，没有能够结合中国的实际探讨政府在企业发挥 CSR 作用的过程中的职能，可以这样说，目前系统地研究中国国情下的政府在企业承担 CSR 中的作用，还是一个空白。

本书正是基于企业社会责任建设的中国政府作用研究，把企业社会责任理论和政府理论相结合，运用政府理论来研究我国国情，研究中国政府在企业承担 CSR 中的角色及其职能，这一研究将在一定程度上不仅深化政府理论，而且深化企业社会责任理论。

党的十六大明确提出了以人为本的科学发展观，提出了构建和谐社会的伟大战略目标。科学发展观要求企业发展必须深入贯彻以人为本和全面协调可持续的基本原则，追求经济、社会与环境实现全面、协调和可持续发展。实现企业和社会、企业和环境的和谐是实现社会和谐的基础。这就要求企业积极履行应承担的社会责任，这也是我国企业落实科学发展观、服务和谐社会建设的必然要求和具体行动。胡锦涛总书记在十七大报告中强调指出，深入贯彻科学发展观必须坚持全面协调可持续发展，坚持生产发展、生活富裕、生态良好的文明发展道路，建设资源节约型、环境友好型社会。深入贯彻积极发展观要求我们积极构建社会主义和谐社会，要通过发展增加社会物质财富、不断改善人民生活，又要通过发展保障社会公平正义、不断促进社会和谐。可以说，研究这一问题，对深入贯彻和深化科学发展观，构建和谐社会有着重要的理论意义。

2. 实践意义

从实践层次来说，研究基于企业社会责任建设的政府作用，对于我们在社会主义市场经济发展中，处理好政府与市场的关系，合理确定、转变好政府职能，完善好政府宏观调控机制有一定的现实意义。研究政府在企业履行 CSR

过程中扮演的角色，不仅关系到企业增强核心竞争力、健康持续的发展，也是全面落实科学发展观，建设和谐社会的内在要求。我国改革开放 30 多年来，经济得到了快速增长，人民群众的生活水平明显提高，综合国力得到极大的提升。但是在社会经济发展的同时，也遇到了环境污染、能源危机、贫富悬殊等社会和环境问题，侵害劳动者和消费者合法权益的现象也时有发生。过去那种以大量资源投入和廉价劳动力求发展的模式，迫使一些企业片面强调利润目标，忽视所应承担的社会责任，这些都严重妨碍我国企业和社会经济的健康可持续发展。本书借鉴国外政府的一些先进理念和行动，立足于中国国情，研究中国企业社会责任的现状，研究政府在企业承担 CSR 过程中扮演的角色，以期促进和谐社会的建设，为政府提供一定的政策建议。

第三节　研究方法

1. 文献研究法

通过收集多种文献资料，研究企业社会责任问题的历史演进、西方发达国家政府的具体实践及其在中国借鉴的现有成果，为本文寻找理论依据，开拓思路。

2. 比较研究法

从中西方政府职能和行政改革的视角，比较价值、路径、手段和结果的不同，为我们借鉴西方发达国家政府在企业社会责任中的职能提供依据。

3. 调查研究法

结合问卷和访谈，深入了解企业社会责任现状、利益相关者对企业的重要程度，通过访谈了解政府官员对企业社会责任的看法和目前政府在企业承担 CSR 中的作为，为本文分析问题、解决问题提供依据。

4. 理论分析法

在理论分析方面，主要以大量的公共管理学以及企业社会责任的中外著作为主，并导入中国国情，对于我们在社会主义市场经济发展中，处理好政府与市场的关系，合理确定、转变好政府职能，完善好政府宏观调控机制，从而更好地实现企业社会责任有一定的意义。

第二章　基于企业社会责任建设的政府作用相关理论评述

第一节　企业承担社会责任的动因

（一）长期利益最大化与交易成本理论

企业已经不仅需要对股东负责，还需要对投资者、企业职工、政府、消费者、债权人、社区以及环境负责，这些利益相关者都应该作为企业收益成本决策的重要变量。企业承担社会责任与企业实现长期的利润最大化是相协调的。

美国经济学家科斯认为："市场运行是有成本的，通过形成一个组织，并允许某个权威来支配资源，就能节约某些市场运行成本。"在一定时间内，市场的交易成本是一个比较固定的值，其他企业家组织交易的成本也比较固定，那么对单个企业来说，企业规模的扩大或缩小取决于其自身组织各种交易的成本。

企业产品的生产和消费行为与社会责任有密切的联系。企业与消费者之间存在着一种隐性的契约，当企业的行为受到消费者的肯定时，消费者就愿意购买企业的产品，否则消费者将抵制购买，这种契约就决定了企业与消费者之间存在着交易费用，当企业不履行或没有很好地履行这种契约时，交易费用就会上升，阻碍企业的发展，反之，则可以比其他企业更具有优势。企业做好员工利益协调，可以相应降低交易费用。企业与员工之间除了存在各种合同的显性契约外，还存在着隐性契约关系，企业若尊重职工的各种权利或给予职工较好的待遇，那么职工的生产积极性就会提高，企业与职工之间的交易费用就会降低。

同理，企业与其债权人、经销商等利益相关者之间同样存在着各种契约，并由此产生各种交易费用，如果一个企业能够比其他企业更重视这些利益相关者的利益，那么它就具有交易费用低的优势，便能因此得到发展壮大。企业可以通过担负企业社会责任来降低企业与利益相关者之间的交易费用，从而实现长期利润最大化。

企业除了与其他利益相关者之间存在着交易关系，与股东之间也存在着交易关系，而且在一定程度上，企业与股东的关系和企业与其他利益相关者的关系是冲突的。企业的发展要同时考虑到企业与股东之间的交易费用、企业与其他利益相关者之间的交易费用以及企业的生产成本，这三种成本之和具有优势，那么企业就具有很大的潜力。

从社会角度来看，企业职工、政府、消费者、投资者等利益相关者当然希望企业实施 CSR 行为，但是企业实施 CSR 行为是基于企业对自身成本、收益的权衡，由于企业与其利益相关者追求的利益函数是不同的，因此我们不能仅仅指望通过社会呼吁、舆论宣传或企业家道德良心来激励企业实施社会责任行为，特别是在当前中国的国情之下，这些措施虽然有时有效，但不会有很长的持久性。

（二）外部性理论

外部性是一个经济学概念，由马歇尔和庇古在 20 世纪初提出，关于外部性的含义，有许多学者曾对它做了探讨。丹尼尔·史普博将外部性定义为“某种外部性是指在两个当事人缺乏任何相关的经济交易的情况下，由一个当事人向另一个当事人所提供的物品束”。按照萨缪尔森的理解，“生产和消费过程中当有人被强加了非自愿的成本或利润时，外部性就会产生。更为精确地说，外部性是一个经济机构对他人福利施加的一种未在市场交易中反映出来的影响”。曼昆认为外部性是一个人的行为对旁观者的福利的影响。总的说来，外部性又可称为溢出效应、外部影响或外差效应，指的是一个人或一群人的行动和决策对另一个人或一群人强加了成本或赋予利益的情况。外部性分为正的外部性和负的外部性两种。

当企业把本来应该是由自己承担的成本向外部转嫁的时候，就产生了负的外部性，以空气污染为例，当一家工厂喷出的烟雾损害当地居民的健康和财产，而该企业又不为此支付任何费用的时候，就出现溢出或者外部效果的现象。

当然企业也可以对社会产生正的外部性。企业的健康发展、创富能力的增强、生产效率的提高，不仅可以增加就业、贡献税收，而且会带动周边社区的发展、促进地方经济的繁荣，甚至起到作为区域内经济增长极的强劲作用，这是企业为社会带来的效益，是正的外部性。

企业追求利润自然是天经地义的，但由于外部性与信息不对称问题的存在，企业行为常常会自觉不自觉地超出自身应有的边界，对社会、员工等利益相关者产生可能不利的影响。为了社会的繁荣与和谐，我们有理由提倡企业加强社会责任感并使企业的外部影响内部化。要使企业的外部影响内部化，除了上述加强企业自身对社会责任的认识外，同时，要健全外部制度环境，以加强对企业行为的监管。如果仅寄希望于企业的自觉，而缺乏有效的外部监督，则在“逆向选择”作用下，很难希望所有的企业都会自觉地承担起社会责任。这其中政府要扮演的角色是最重要的，不管是正的外部性还是负的外部性，都会变成企业的内部性行为的理性选择。

（三）动力分析框架

企业是为了股东利润最大化而存在的。为了实现这一目的，企业可以无所不用其极。有人将这一现象称为公司的病态，认为公司天生就是“嫁祸于人的机器”，这样一架机器怎么会主动承担起社会责任呢？如果我们认真观察几十年来全球经济、社会和环境的变迁的话，就会发现，企业社会责任的原始动力来自于企业外部的压力。《持续竞争力》一书中指出，在新经济时代，企业经营所面临的外部环境正在发生重大变化，其中，最为关键的变化是可持续发展。当前，第三次浪潮正蓄势待发，它以大公司的参与为特征，探讨的是一种更为平衡的可持续发展，对环境、社会和经济三个范畴都给予了同等的重视。越来越多的富起来的人们要求更好的环境质量，越来越多的企业面临环境诉讼的风险，越来越多的投资机构对企业的环境表现提出苛刻的要求，这些都迫使大公司将可持续发展纳入董事会的新议程。因此，企业不得不从战略和行为上对这些新的变化做出积极回应。

美国学者 Schwartz(2003)在研究 CSR 的动力机理的过程中，提出了一个三动力模型，即企业之所以承担社会责任，是因为有三个方面的动力，包括经济动力、制度动力与道德动力，他把外在动因和内在动因都整合在一起，并以三维图的形式来表示该模型(图 1、图 2)。

在图 1 中，经济动力、制度动力和道德动力分别以三个圆表示，由三个圆相交而产生七个区域：纯经济、纯制度、纯道德、经济/制度、经济/道德、道德/

制度、经济/道德/制度，并认为中间的状态，也就是同时满足经济/道德/制度三方面要求的状态是理想状态，因为它可以同时满足社会各个方面的要求。

根据三个动力各自的不同强度，企业承担社会责任被划分为不同类型，即经济动力主导型、制度动力主导型、道德动力主导型和平衡型，用以表示不同CSR的不同特质。

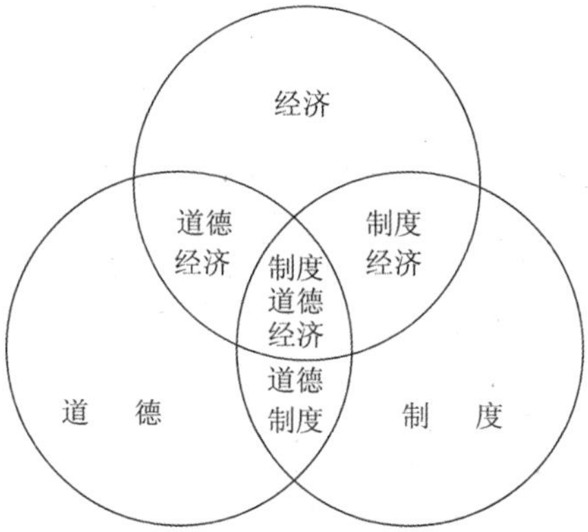

图1　CSR的动力模型

影响企业履行CSR的动力，即经济、道德、制度这三方面的动力，和不同的利益相关者存在联系，例如，和企业履行CSR的经济动力相关的利益相关者有股东及投资者、企业员工、消费者；和道德动力相关的利益相关者有媒体、社区、社会公众；和制度动力相关的利益相关者有政府、非政府组织。

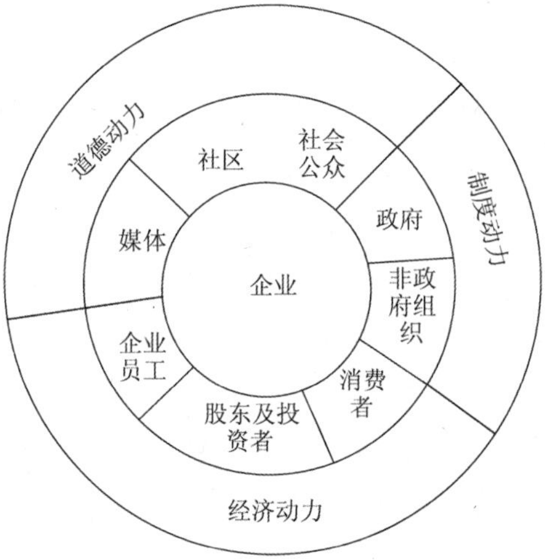

图2　企业遭受的关于企业社会责任的外部压力

第二节 政府职能理论

在市场经济理论和政府干预理论中，对政府与市场的关系的争论由来已久，且尚没有停息的趋势。鼓吹抑或怀疑市场经济、赞成抑或反对政府干预的理论、观点和主张，在经济学中此起彼伏，“你方唱罢我登场”，至今还没有有力的证据能够表明某一种观点具有压倒“异己”的优势。英国著名学者约翰·斯图亚特·穆勒曾指出：“在我们这个时代，无论是在政治科学中还是在实际政治中，争论最多的一个问题就是政府的职能和作用的适当界限在哪里。”西方资本主义的发展史更像一部有关政府干预与经济自由的争论演进史。时至今日，两者已呈现融合趋势，美国学者萨缪尔森就指出：“市场和政府这两个部分都是必不可缺的，没有政府和没有市场的经济都是一个巴掌拍不响的经济。”

（一）自由经济理论

自由经济，是指主张最大限度地利用市场机制和竞争力量，由企业私人来协调一切社会经济活动，而只赋予政府以承办市场和竞争所不能有效地发挥作用的极少量的经济活动的经济思想和政策。持这一观点的主要人物有古典经济自由主义的代表人物英国的亚当·斯密和法国的让·巴蒂斯特·萨伊，近代自由主义代表人物密尔·斯宾塞、亨利·西德维克，新古典经济自由主义的代表性人物马歇尔、冯·哈耶克，新自由主义代表人物米尔顿·弗里德曼、罗伯特·卢卡斯、托马斯·萨金特和供给学派的芒德尔。

亚当·斯密关于“看不见的手”的论述，引出他对政府职能的基本定位。在《国富论》一书中，斯密认为在“自然秩序”下，每个人“由于他管理产业的目的在于使其生产物的价值能达到最大程度。他所盘算的也只是他自己的利益。在这种场合下，像在其他许多场合一样，他受一只看不见的手的指导，去尽力达到一个并非他本意想达到的目的，他追求自己的利益，往往使他能比在真正出于本意的情况下更有效地促进社会的利益”。按照斯密的理论，“自然状态”下，“每个人改善自身境况的一致的、经常的、不断的努力是社会财富以及私人财富所赖以产生的重大因素”。相反，垄断和限制会妨碍国民财富的积累。政府“一切不谨慎的、无成功希望的计划”，就是一种“妄为”行为，将直接危害国民经济的发展。政府的作用只限于三大职能：“君主的义务，首在保护本国社会的安全，使之不受其他独立社会的暴行与侵略……君主的第二个义务，为保护人民不使社会中任何人受其他人的欺侮和压迫，换言之，就是设立一个严正的司法行政机构……君主或国家的第三个义务就是建立并维持某些公共机关和公共工程。”

古典经济学经过后代经济学家的发展，逐步演变为新古典经济自由主义，它们都强调自由、放任的经济制度，反对政府干预经济。新自由主义是由于20世纪60年代中期以后，资本主义世界出现了“停滞”现象，人们开始怀疑国家干预学说而产生的。在新自由主义经济学说中，影响较大的有哈耶克的新自由主义、弗理德曼的货币主义等。其中，哈耶克曾经指出：政府对经济的干预并不一定能弥补市场失灵，“如果绝大部分的经济活动都渐渐受制于国家的直接控制，那么这将对自由构成真正的威胁”。他认为，政府的缺陷和市场的缺陷一样严重。货币主义的代表人物弗里德曼则指出：“经济发展是一个不断改变旧的行事方式的过程，是一个向未知挑战的过程。”正是国家干预活动阻碍了市场的健康发展、限制了公民的个人自由，“自由的制度会比强制性的国家力量提供更加肯定的途径”。他主张国家干预应该转变方向，政府只扮演仲裁者和制度制定者的角色。

概括地看，所有经济自由主义者在政府职能问题上都恪守这样几个原则：(1) 政府是必要的邪恶，最好没有，让人彻底自由，但又不得不有；(2) 政府的最低职能是作为守夜人，最高职能是有限地弥补市场缺陷；(3) 政府绝对不能直接从事企业经营等微观经济活动；(4) 公众所不愿干的或干不好的事政府应积极去干。

历经20多年的市场经济体制改革，我国政府经济职能的转变取得了初步成效，多种经济成分并存和市场机制发挥基础性调节作用的经济体制框架已初步形成。但是，由于我国政府管理经济的理念和方式是在计划经济时期形成的，从总体上看，政府经济职能的转变仍没有到位，计划经济体制下形成的全能型政府职能在社会经济生活中仍发挥着主导作用，职责权限不清，市场秩序较乱，经济职能越位、缺位、错位现象并存，因此，自由主义理论所倡导的市场机制、保护私有产权、政府退出市场领域等方面值得我们借鉴。

(二) 政府干预经济理论

所谓政府干预经济，主要是指削弱私人经济活动的范围，以政府干预及参与社会经济活动的方式，在一定程度上承担多种生产、交换、分配和消费等经济职能的思想和政策。20世纪30年代，西方爆发了一场经济危机，打破了“斯密神话”，宣告了自由放任思想的失灵。1936 年，凯恩斯发表了《就业、利息和货币通论》一书，掀起了一场风靡全球的“凯恩斯革命”，确立了一整套国家干预主义的宏观经济理论体系。凯恩斯国家干预政策的主要内容有：(1) 不断扩大国家的财政预算支出，对国民经济收入进行再分配，增加政府对于军事工业和公共建筑的投资及对私人企业的各种补贴，大量采购商品和劳务；(2) 金融和货币政策的交替变化是反危机的重要措施，在周期性的经济波动中政府采取不同的金融货币流量，调节信用；(3) 逐步增大社会福利支出，既可缓和社会阶级矛盾，稳固垄断资本的统治，又可扩大有效需求而刺激经济的发展。这一理论还把政府经济职能归结为确立法律框架、改善经济效率、促进收入公平及支持宏观经济稳定四个方面，“不能让经济力量自由运用，须由政府来约束或指导”。西方各国奉行凯恩斯主义，以财政和货币调节为重点，充分发挥以国家作为扩大社会再生产调节者的职能作用，使战后经济得以较快发展。20 世纪 30 年代大危机之后，在“凯恩斯革命”的基础上形成了干预主义的政府职能理论。此后，被推崇为当代凯恩斯主义的集大成者的保罗·萨缪尔森把凯恩斯的宏观经济理论与新古典学派的微观经济理论相结合，创立了“新古典综合学派”，提出“调和主义”的政府职能观点，即“确立法律体制、决定宏观经济稳定政策、影响资源配置以提高经济效率、建立影响收入分配的方案”。

总的来讲，政府干预主义认为政府干预经济，履行经济职能，不仅应当去弥补“市场失败”的缺陷，而且还要去干预市场正常运行，以防止市场可能出现的失败。政府干预是全面的，不仅要干预生产，还要干预分配。虽然我国政府干预经济的历史较长，但是，过去政府对企业的直接干预较多，主要通过行政审批方式干预经济，现在我国政府对企业尤其是国有企业的行政干预依旧大量存在，对企业的引导和服务明显不足，对非公有制经济的限制过多，政府过多涉入微观经济领域，会削弱宏观调控能力。因此，我国需要借鉴凯恩斯的宏观调控理论，变直接的微观调控为间接的宏观调控，利用货币政策调节经济，增强政府的服务职能，为企业的发展和竞争创造良好的外部环境。

(三) 第三种政府职能理论

第三种西方学者既不同意政府全面干预经济的干预主义，也不同意政府只承担守夜人职责的自由主义，而是提出有选择地干预“市场失败”的第三种政府职能理论。这一学派的代表人物有科斯、诺斯、布坎南等。

从第三种角度分析政府职能的首推产权制度理论的创始人科斯，科斯定律为政府职能确立了边界。科斯定律的内容是如果交易费用为零，那么法律对权力的初始界定就与最后的权力安排无关，因为人们可以在没有交易费用的情况下，就如何取得划分和组合各种权力进行谈判，其结果总能使产出最大。即只要产权明确界定，自愿的交易总能产生最优的结果。其逻辑结论就是产权明确界定的领域，市场能使资源最优配置，无须政府插手。政府的职能一方面是维护明晰的产权，另一方面则是去干预产权不易界定或市场自身界定不清的经济领域，以使交易费用尽量地减少。以1993年诺贝尔经济学奖得主诺斯为代表的新经济史学派将科斯的产权理论应用于对政府的研究，对政府职能做了重新解释。诺斯认为，经济增长的关键在于制度因素，而在制度因素中，财产关系安排(即产权制度的作用)最为突出，产权制度需要政府来组织安排。他在1973年出版的《西方世界的兴起》一书中把政府界定为保护产权的一种组织，认为政府建立、实施和保护产权其付出的成本低于私人成本。新制度经济学把政府视为一种组织和制度安排，无疑为政府经济职能问题的研究提供了一个新的视角。

市场经济之所以需要政府干预，按照新制度经济学的解释，可以简单地归结如下：按照现有的市场经济状况，无法获得潜在的或稳定的利益。就像人们对一商品的需求是因为商品能够给人们带来“效用”或“满足”一样，政府干预也能给人们带来利益，影响收入分配和资源配置效率。如诺斯所说：经济增长取决于基本制度环境的特征以及这些基本规则实行的程度。

按照新制度经济学的理解，国家是一种被社会认可的、对合法使用强制性手段具有垄断权的制度安排。它之所以不可缺少，是因为人们需要它来维护公正、秩序和稳定，提供一个社会人与人之间发生相互关系的基本规则。因此，国家的主要功能是提供法律和秩序。国家作为一种具有垄断权的制度安排，在许多方面不同于一些竞争性的制度安排(如市场、企业等)。国家独特的地位决定了在任何关于长期变迁的分析中，国家都将占据重要的一席。正如科斯所说，“政府是一个超级企业，因为它能通过行政决定影响生产要素的使用”，政府的优势就在于如果需要的话，它“能够完全避开市场，而企业却做不到”，所以“政府有能力以低于私人组织的成本进行某些活动”，“影响经济绩效的是政府，因为它们限定并执行经济的游戏规则。因此，发展政策的核心必须建立一个会制定和执行有效产权的政府"。

对后发展国家来说,市场不发育或残缺的本质是制度稀缺。在科斯看来,不仅企业内部的行政协调机制与部分市场协调机制是可以相互替代的,而且政府的行政协调机制也可以替代一部分市场协调机制。也就是说,既然可以通过企业的"内部组织交易"实现对部分市场交易的替代,以节约"交易费用",那么,随着经济发展和市场交易的复杂化,有必要以某种政府组织或管理的交易来替代一部分市场交易,以减少或节约诸如外部不经济性等方面的交易费用,实现全社会范围内的资源最优配置。后发展国家实行政府替代的主要目的,在于克服另一种更为高昂的"交易费用",即不发育或残缺的市场的自发、渐进发展可能带来的更高昂的"机会成本"。

与科斯、诺斯理论相似的是1986年诺贝尔经济学奖得主布坎南的公共选择理论。布坎南认为"市场失败"并不是政府干预的根据,因为政府干预与市场经济一样也具有局限性和缺陷,存在着"政府失败"。

因而,政府应干预市场"长久失败",而不是其暂时的失败。按照布坎南的理论,政府的职能(集体行动)可以分为三个层次:"第一,执行现行法律的那些行动。这一类行动包括霍布斯所说的君主的合法行动,即包括在我称之为'保护性国家'、诺齐克称之为'最低限度国家'和19世纪哲学家称之为'守夜人国家'的那些行动。打一个熟悉的体育比赛上类似的譬喻,这里的任务是裁判员的任务,指定他来执行规则,督促比赛的进行。第二,包括现行法律范围内的集体行动的那些活动。用经济学家熟悉的话来说,这一套活动包括提供资金,供给和提供公众所需的商品和服务。个人和私人团体在现行法律范围内的活动可能不足以充分供应那些商品和服务。第三,包括改变法律本身和现行成套法律规定的那些活动。"

总之,这一派西方学者认为政府干预经济只能限制在一定范围内,这个范围就是市场长久失败的地方以及政府去干预并不会带来"政府失败"的方面。他们的主要观点是:(1) 市场有失败,政府也存在着失败,"政府失败"既表现为国家对经济干预过度造成市场进一步失灵,又表现为对经济干预不足使市场无法正常运作;(2) 政府只能干预市场根本性失败,不能干预非根本性市场缺陷;(3) 政府要利用市场去干预经济。

通过对政府职能理论的梳理,我们可以看出,政府职能理论随着经济发展的具体实践在不断拓展。而人们是否能对市场保持信心,取决于它是否能够通过以下的考验:(1) 市场经济能否实现它对持续经济增长,提供更高的生活水平、更充分的就业等的承诺;(2) 能否保证社会公正;(3) 能否保证世界各民族的民族特性得到维持;(4) 能否在保护环境的同时给予发展中国家(地区)经济增长的同等机会。目前中国企业社会责任的现状以及中国的国情表明,我国政府必须在企业承担企业社会责任过程中起到主导作用。

第三章　国外先进实践及其对我国的启示

第一节　国外政府的先进实践

（一）美国

美国等发达国家已经走过了“先污染后治理”的道路，因而对企业的环境、社会绩效都有比较高的要求。

1. CSR 立法

1989 年，美国宾夕法尼亚州率先修正其公司法，将美国法律研究所的建议赋予了法律效力。美国法律研究所在 1984 年 4 月提供了一份关于《公司治理原则：分析与报告》的建议，其中 2.01 条关于“企业的目的和行动”的规定，显然扩大了企业的目的，使企业不仅具有追求企业利益和股东利益的经济目的，而且还要对社会负担一定的责任。那么依照该条例，企业既是一种经济组织，又是一种社会组织，因此，它在追求盈利目的的同时，必须受社会责任或社会需要的制约。该修改要求公司的经营者也要对公司的“利益相关者”负责，而不仅仅是对股东一方利益负责。

根据美国的超级基金法案，如果企业因为生产经营而污染了当地环境，则联邦政府有权对污染损失进行追偿。所以，忽视环境因素的企业可能会因此而面临巨额罚款的风险。比如 1993 年 3 月 2 日，通用电气和其他公司因在加州违规倾倒化学品被处以 9600 万美元的罚款；1995 年 9 月 2 日，通用电气因污染纽约河流及空气被处以 150 万美元的罚款。在某些问题上，法律尚未规定，发达国家政府也会尝试通过与企业对话的形式，敦促企业履行责任。

至今，美国已有近 30 个州（超过半数的州）相继在公司法中加入了公司的社会责任内容，要求公司经理为公司的“利益相关者”服务，而不仅为股东服务。除了直接规定CSR的法律，与CSR相关的法律，还有环境保护、劳工权益保护、消费者权益保护等相关法律，这些方面，美国等西方国家制定得都很完善，还有很强的操作性，对企业在履行相关社会责任方面起到很强的约束和推动作用。

首先是判例法方面，最值得提及的就是1953年新泽西州的最高法院在A. P. Smith manufacturing Co. v. Barlow案中对超越权限原则的否定。制定法方面，首先是美国的《国内税收法典》在1936年修订之后，明确规定了公司对慈善、科学、教育等方面的捐赠可以扣减所得税，各州的公司法也大多做了相应的修改，明文规定了公司有进行慈善捐赠的权利，至今已有48个州的公司法赋予了公司进行慈善捐赠的权利。

2. CSR披露

企业社会责任会计是披露企业社会责任情况的主要手段。企业社会责任会计是指把企业与社会之间的相互关系当作社会责任，并以此为中心，采用会计特有的方法和技术，对企业主体的经营活动所带来的贡献和社会损害进行反映和控制。企业社会责任会计产生于20世纪60年代，美国是研究企业社会责任会计起步较早的国家，在70年代初期，美国的政府机构如联邦贸易委员会、环境保护局、职业安全和事故防护局以及平等就业机会管理局等，均要求企业提供某一方面的社会责任履行情况，美国企业报表的管理机构——证券交易管理委员会建议企业增加揭示环境保护政策和计划的实际执行情况。美国注册公众会计师协会成立的“特罗布鲁德委员会”，在1973年提出的财务报表目标中，规定财务报表的目标之一是报告能确定、阐述并计量能够影响社会的企业活动，揭示企业的社会责任信息。到目前，美国对企业社会责任会计基础理论的探讨已有较大发展，如社会责任会计目标和会计概念，包括具体的计量方法和报告准则等。

美国是CSR审计的发源地，美国的政府机构如联邦贸易委员会、环境保护局和消费者权益保护协会等社会公共利益监督机构均要求企业提供某一方面的社会责任履行情况的报告。

3. CSR监督

美国企业社会责任的监督对象主要是公司，特别是上市公司。美国对上市公司社会责任履行情况的监管渠道是多方面的，主要有证监会，这主要是协调企业与股东之间关系的市场参与者，包括证券公司、基金管理公司等，这些市场参与者的主要业务就是为投资者指出正确的投资方向，这也是它们自身营利的主要途径，因此，这些机构一般会想尽办法披露上市公司的真实盈利情况，很多公司的丑闻就是首先被这些机构披露出来的。媒体的监管方式是通过对企业施加社会舆论压力来引导企业的行为。在美国，有很多颇具影响力的经济杂志，如《财富》《商业周刊》《华尔街日报》等，上至美国经济管理当局，下至普通老百姓，都非常关心和信任这些媒体的报道，因此，媒体对企业的监督是非常有力的。这些机构并不是企业内部机构，与企业没有直接的利益关系，所以，它们的监督一般比较客观，法院即利用法律来监督上市公司行为，法院一般在事态接近尾声的情况下才会介入。

在以上监管渠道中，市场和媒体对公司的监管更直接，甚至在事态刚刚发生时就可产生效果。因此，美国对企业的监督首先就是通过媒体和市场渠道来进行的，这样既能及时地对企业行为进行揭露，又能减轻政府的负担。但这两种渠道，尤其是市场渠道，需要相应的市场机制配合，比如信息披露机制，而政府的直接责任就是设立并维护这种机制，法院则通过法律对企业产生威慑作用，减少违法行为的发生。通过以上渠道的配合，企业一旦有弄虚作假、唯利是图等违反社会责任的行为出现，就会在较短时间内被披露出来，受到应有的惩罚。

(二) 欧盟国家

选择欧盟国家作为西方发达国家的代表进行研究，有以下三个原因：第一，欧盟已成为我国第一大贸易伙伴，2006 年，中国与欧盟 25 国的贸易总额达到 2723 亿美元；2007 年，欧盟继续成为中国第一大贸易伙伴，中国与欧盟 27 国双边贸易总额为 3561.5 亿美元，增长 27%；2008 年，欧洲经济市场的变化对我国的经济发展有着重要影响。第二，欧洲学者在 CSR 领域的研究成果颇为丰富，企业社会责任思想在欧盟已经广为接受，并且大多企业已经付诸行动，欧洲企业积累的经验可供我们参考。第三，认清欧盟在 CSR 方面的领先优势，开展欧盟企业社会责任研究，不仅有助于我国企业吸收欧盟企业社会责任的经验和成果，更有助于我们准确了解欧洲目前的政策法律和市场走势，从而及时调整我国贸易结构。

企业社会责任在欧洲各国正式推出的形式有多种，或是受社会事件的影响，或是政府的直接行动，或是由 NGO 为解决社会问题采取的行动。

表 1　欧盟各成员国推动企业社会责任的表现形式

国家	各国推出 CSR 的形式	年份
德国	CSR 在德国传统已久 联邦政府召开多利益相关者论坛	2001
奥地利	民营企业的行业工会进行的社会审计	2003
比利时	社会标签	2001
保加利亚	重组危机引起大规模裁员，跨国公司在当中起建设性角色	2002
芬兰	有关道德伦理的论坛	2001
法国	有关规范年报的法律出台	2001
希腊	经济与社会理事会的建议	2003
爱尔兰	对欧盟绿皮书的辩论	2002
意大利	政府社会事务部门参加完在丹麦举行的欧盟会议后举行的辩论	2002
葡萄牙	各个工会(CISL，UIL，CGIL)的讨论会议	1999，2002，2003
	经济与社会委员会举办的研讨会	2002
英国	道德贸易行动(Ethical Trading Initiative)提出的两大议题：参与当地社区和承担国际化的责任	1997

无论企业社会责任在社会的最初整体推动者是政府、企业还是社团，欧洲各国普遍意识到，社会责任的有效执行可以提高社会福利、促进社会可持续发展。执行社会责任以企业为主导，但不仅是企业自身的事，社会责任的推动离不开政府的支持和社会的参与。近年来，各种管理标准、标签、认定、责任报告层出不穷，使得消费者、投资者等利益相关者产生迷惑，造成市场不规范行为产生，因此，在欧盟国家，政府机构、社会组织必须在倡导责任行为中起到应有的作用。

在欧洲，欧盟委员会这样一个区域联盟组织，是一个“超国家机构”，对企业社会责任的推动起到了重要的作用，表现在以下几个方面：第一，提高社会认知度，即社会责任对欧洲国家以及发展中国家的经济与社会的积极影响；第二，将企业社会责任融入欧盟政策的制定中；第三，促进成员国之间有关社会责任实践的经验交流；第四，促进社会责任实践和工具的趋同，提高透明度；第五，建立欧洲多利益相关者的企业社会责任论坛。

欧盟各成员国政府也积极响应欧委会的指导意见，采取相关政策支持企业社会责任的执行。它们各自向欧委会做执行报告，并由欧委会对政府行为进行三个方面的考察:推广企业社会责任、保证信息披露透明度、制定企业社会责任的辅助政策。

表 2　欧盟各成员国有关企业社会责任的政策概况(2003)

	奥地利	比利时	捷克	丹麦	芬兰	法国	德国	希腊	匈牙利	意大利	波兰	葡萄牙	西班牙	瑞典	荷兰	英国
推广企业社会责任																
提高企业认知程度	√	√	√	√	√	√	√			√	√		√	√	√	√
企业社会责任研究	√			√				√	√		√				√	√
公共部门与私人部门合作			√	√		√	√				√				√	√
奖励和经济支持	√		√	√	√		√	√	√	√	√	√	√	√	√	√
管理工具	√										√		√			√
保证信息披露透明度																
行为准则	√		√				√						√			√
社会责任报告	√			√		√						√		√	√	√
标签	√	√		√						√		√				√
社会责任投资	√	√				√	√		√				√	√	√	√
市场广告		√														
制定 CSR 辅助政策																
可持续发展	√	√	√			√	√				√					
社会政策						√	√									
环境政策			√			√				√			√			
政府采购		√	√	√		√				√			√			√
贸易和出口政策	√	√	√	√	√	√	√							√	√	√
其他	√	√	√	√			√		√				√	√	√	√

从表 2 中不难发现,欧洲各国政府普遍采取了切实有效的政策和措施来鼓励企业履行社会责任。从表 2 中可以看出西欧国家政府较东欧国家政府更为重视企业社会责任。我们从中选取英国具体研究。

英国政府在企业社会责任方面所承担的角色为提高认识,提供指导,提高英国和国际实行法则的一致性;促进社会和环境报道与分类框架的形成。2000 年 3 月,英国政府任命了企业社会责任部长专门负责 CSR 的政策研究、制定等问题。

1. 推广企业社会责任

2001 年 3 月,英国政府第一次发布"企业社会责任政府报告"。英国政府支持 Business in the Community(BITC),这是英国在 CSR 方面最重要的商业组织。在企业社会责任研究方面,英国政府 2001 年任命了 3 项主要的基于公共、民营和非营利组织的调查研究,旨在提高企业社会责任潜在的经济附加值,促使中小企业关注社区和社会问题。在政府的支持下,联盟开发出一种实践工具箱——"小企业之路"。这些工具为中小企业提供实践指导,它通过提升中小企业的社会、环境和社区影响,来提高中小企业的竞争能力。

2. 保证信息透露透明度

英国和美国政府于 2000 年 12 月联合发布了"资源部门安全与人权自愿原则"(Voluntary Principles on Security and Human Rights in the Extractive sector)。该原则的制定是通过与石油和矿采企业、贸易联盟、人权非政府组织和企业社会责任组织的紧密协商完成的。

2001 年 10 月,英国政府发布了一组企业环境报告指导方针,以指导企业做环境报告。2002 年 7 月,英国政府发行了关于英国现代化公司法的白皮书,以寻求公司法改革的重要建议,其中公司被要求提供更具实质性的、前瞻性的信息,解决更广泛的问题,这些信息包括公司与员工的关系、公司对环境和社区的影响,这些信息对企业的评价是密切相关的。

3. 企业社会责任投资

"社会责任投资"(Socially Responsible Investment SRI)是指一种为投资组合设定特定价值的应用方法或投资理念。投资机构通过剔除社会责任表现差的公司股票或者选择社会责任表现好的公司股票作为投资对象,保证后者有充足的资金来源,从而提高其市值和竞争力,是一种将投资目的和社会、环境以及伦理问题相统一的投资模式。从广义看,社会责任投资还包括个人、企业、机构和政府等与社会责任相关的投资行为。通过投资者对财务、社会、环境的三重考虑,做出投资决策,这三重考虑在 SRI 中被称作投资的三重盈余。SRI 理念从三重盈余出发,综合考虑了经济、社会和环境等因素,使用多种策略滤除那些在履行 CSR 方面表现不佳的公司股票,促进公司承担相应的 CSR,从而为投资者和社会带来持续发展的价值。英国较早投入了 SRI 的建设,并在 CSR 的管理中取得了较大的成果。

4. 制定 CSR 辅助政策

2005 年 3 月,英国政府发布可持续发展战略,制定出利于绿色采购的政策。该战略赋予了公共部门通过建筑材料、货物、服务等的采购来促进可持续发展的关键角色。英国政府正积极推进"经济合作与发展组织跨国公司准则",由贸易工业部管理。

第二节 我国处于计划—市场转型时期

中国目前正处于完善社会主义市场经济体制时期,政府在这一特定的历史时期扮演了主要角色,并从整体上推动着中国社会的繁荣与进步。同样的,对于企业社会责任的推动,在中国这样一个特定的历史时期,政府仍然起着主导作用。但是,不可否认的是,由于经济的转型与历史的惯性,不但中国经济正处于痛苦的嬗变之中,经济的变化对政治提出的新要求使政府也处于变革之中。

在纷繁复杂的表象前,我们只有将中国企业社会责任的发展还原于全球商业发展的大环境中,结合中国实际,才能准确定位企业社会责任的中国坐标,找到前进的方向。

(一)我国是发展中国家,面临着经济全面发展的艰巨任务

当前中国拥有世界上最多的人口,地域辽阔,东西部发展极不平衡;生产力落后,农业和从事农业生产的人员所占的就业比重为50%,工业化程度仍然不高;经济结构不合理;国民教育水平总体上来讲远远不及发达国家;科学技术水平也相对落后。严峻的就业形势,决定了我国劳动和社会保障的重心仍然是最大限度地增加就业机会,这是我国安定民心、实现社会稳定的根本。因此,企业能够不断地吸收劳动力、最大限度地创造就业机会,仍然是企业首先需要承担和实现的社会责任。需要承担的就业压力过大,制约了企业社会责任建设,同时也使劳动和社会保障工作更为艰巨。

发展中国家的事实,决定了当前我国的主要目标是大力进行经济建设,推动整个国民经济的发展。我们要实现的"经济发展"是一种全面的发展,包含"量"和"质"两个方面。其中"质"的发展包括制度的变迁、观念的转换、文明的推进等,这是经济发展的根本前提和内在保障,而这一方面对于任何一个发展中国家来说单单靠市场机制是无法做到的。

(二)社会主义市场经济概述

从1992年党的十四大确立了建设社会主义市场经济的改革目标起,中国正式进入从计划经济向市场经济的转型。经过多年的改革实践,我国在变革传统体制和建设新体制方面取得了重大突破和进展,市场在资源配置中的地

位和作用也不断上升和加强，目前，国际上有20个国家(地区)承认中国已经是完全市场经济国家。但是我国市场的状况离完善的市场机制的要求还有相当的距离。

我国的市场经济是以社会主义公有制在国民经济中占主导地位为特征的。我国政治、经济体制改革的一个重要的理论基础是：计划经济与市场经济是经济运行的两种不同的模式，不能将其等同于社会根本制度。但是任何一种经济运行模式都是在一定的社会制度中进行的，并受其所有制形式制约。在不同的所有制关系下，计划和市场的规模、作用、地位是不同的。

在我国讨论市场经济下的政府干预，不能离开我国社会主义制度和公有制在国民经济中占主导地位这一制度性前提。首先从社会主义制度本身来看，它不同于历史上的其他制度形式，它不是随着经济和社会的发展而自发形成的，而是根据马克思、恩格斯的科学社会主义思想和理论而设计的。社会主义制度的这些特点决定了政府对于包括经济发展目标在内的所有国家目标必然要强力干预，以维护和保持与其制度的适应性。其次，在社会主义市场经济中，公有制的主导地位决定了我国的政府不仅仅是一个政治组织，也不仅仅是一个经济的调控者，它还是唯一的、有权代表作为国有产权的所有权主体的国家来管理国有产权的执行者。

因此，无论从宏观上还是微观上，与西方资本主义社会相比，我国的政府干预都必然要广泛和深入得多。基于我国国情，中国政府在CSR的发展中起主导作用。

第三节　我国基于企业社会责任建设的政府作用定位

(一) 中国政府在企业承担CSR中起主导作用

在西方发达国家，CSR并不完全是靠企业家自身的觉醒形成的，而是靠市民社会的基础和各种社会运动的推动发展起来的。在中国，既缺少市民社会的基础，又缺乏社会运动的推动，在这样的条件下，政府对CSR的推动就显得更为重要。当前我国企业社会责任仍处在初级阶段，还主要是非自愿地履行社会责任，而且企业自愿履行社会责任，会导致企业社会参与的成本过高，同时缺乏推进CSR的社会基础和各种社会力量，因此，政府仍然发挥着主导作用。

1. 中国企业社会责任发展阶段分析

英国 Accountability 的创始人、董事长 Simon Zadek 先生将企业履行 CSR 划分为五个阶段：防御阶段、服从阶段、管理阶段、战略阶段和公民化阶段，如表 3 所示。在不同阶段，企业对 CSR 有不同理解，会采取不同的行为方式。发达国家的多数企业处于企业社会责任的管理阶段，有一些领先企业开始向战略阶段过渡。那么中国企业的 CSR 发展到了哪个阶段呢？

2006 年 1 月 1 日，新《公司法》开始实行，第 5 条明确规定，公司从事经营活动必须"承担社会责任"，拉开了中国企业社会责任全面推广的序幕。喧嚣背后，客观分析中国企业社会责任的发展，结合中国的实际国情，我们不得不承认，中国仍在或多或少重蹈"先污染后治理"的覆辙。中国发展企业社会责任的外部大环境压力还处于酝酿阶段，中国企业利益相关者往往刚刚接触到企业社会责任的理念，对其并没有深刻的认识和理解，但不可否认，企业遭受的压力已经开始在持续增加。在这样的一个环境中，中国企业看待社会责任的态度已经逐步从防御阶段过渡到服从阶段，它们会服从明令要求的规定，将其视为企业运营之必要成本。只有少数企业可以从企业管理的角度看待 CSR 问题，逐步将社会、环境问题整合到企业的经营管理中去。

当前，中国 CSR 发展正从防御过渡到服从阶段，政府将在推动 CSR 的发展过程中起主导作用。

表 3　企业履行 CSR 五阶段分析

阶段	企业行为	行为驱动
防御阶段	否认有关不良行为及其后果，拒不履行社会责任	为其行为辩护，以免损害企业形象及影响短期内的销售、招聘、生产效率及品牌
服从阶段	服从明令要求的规定，将其视为企业运营之必需成本	出于对名誉风险、法律风险的顾虑，以免有损企业在未来一定时期内的竞争优势
管理阶段	将对社会问题的管理整合到企业核心管理中	避免有损企业在未来一定时期内的竞争优势，试图以社会责任改善企业的长期回报
战略阶段	将社会因素整合到企业的核心战略中	旨在提升长期的企业竞争优势，试图以社会责任战略和创新取得先发优势
公民化阶段	鼓励更多企业参与到企业社会责任运动中来	提升长期的企业竞争优势，通过同行联合协作实现多方共赢

2. 动力分析

影响企业履行 CSR 的动力，即经济、道德、制度这三方面的动力，它们和不同的利益相关者存在联系，如和企业履行 CSR 的经济动力相关的利益相关者有股东、潜在投资者、企业员工、消费者；和道德动力相关的利益相关者有媒体、社区、社会公众；和制度动力相关的利益相关者有政府、非政府组织等。

其中政府能够影响三个动力的各个方面，例如它可以通过政府采购来为社会责任履行良好的企业带来经济效益，通过引导消费者行为来实现消费者对企业履行社会责任的推动作用，通过制定社会责任型投资来引起投资者对企业履行社会责任的重视；政府对道德也有引导和控制义务，政府不光要制定相应的法律法规，还要确保法律法规的正确执行，以此推动企业履行社会责任。可见政府对三个动力都有直接的推动作用。

在我国特殊的国情下，政府对企业、公众、传媒、法律等方方面面的影响力都是非常巨大并且有效的，有效推进我国企业履行社会责任，政府的作用至关重要，不可忽视。

表 4　外部合宜性驱动力

外部合宜性驱动力源	相应的利益相关者/社会参与者	概念化
管制要求	政府、其他有权威的机构	强制性驱动力
公众期望	媒体、环境保护专业人员	规范性驱动力
同行行为	同行或竞争者	模仿性驱动力

几种外部合宜性驱动力之间通常有一定关联，在一定阶段，往往有一种是主导性的(Hoffman，1999)。Milstein 等(2001)认为，强制性驱动力一般在形成合宜性的初期阶段发挥主导作用，其次是规范性驱动力，而模仿性驱动力一般在某种合宜性已经形成和得到较普遍的传播后才接替前两种驱动力而成为主导作用力。基于这样的观点，我们认为，强制性驱动力在 CSR 实践初期发挥起始推动作用，现阶段模仿性驱动力还不足以对中国企业主动改进社会责任绩效产生明显作用。

3. 利益相关者分析

不同的利益相关者对于企业生存和发展的重要性是有差异的，有的利益相关者会对企业主动施加影响，从而也往往主动承担着企业经营的风险；而另外一些利益相关者则被动地受到企业经营行为的影响，被动地承担企业经营风险。对于某一特定的企业而言，众多的利益相关者中，有的利益相关者是绝对不可或缺的，有的则可能影响不大。

根据安可顾问有限公司对北美、欧洲和亚太地区10个国家的调查，媒体、员工、政府部门都对促进企业转变观念、提高社会责任感等有非常重要的作用。而且企业通过与政府等第三利益方建立合作关系、获取第三利益方认可，能帮助企业得到第三利益方的支持，使企业更有动力。在我国，员工相对于企业来说，属于弱势群体，对企业是否履行社会责任影响并不大。媒体虽然可以有效地监督企业，但更多的是事后监督，不能从根本上提升企业社会责任水平。而政府由于其特殊的地位，不仅可以事后监督，更可以事前引导、规范，可以从本质上对企业履行社会责任施加影响，它对企业施加影响的作用应该是最大的。

搜狐网在2007年4月启动了2006年最佳企业公众形象评选的时候，做了首个关于中国CSR的公众调查。调查有一个核心结论：大约85%以上的公众认为企业要履行CSR不能光靠企业的自觉意识，在中国当前环境之下，还需要政府或者制度的力量加以推进和约束。因此，现阶段我国进行企业社会责任建设，必须靠政府和外部力量的共同作用，特别是政府的介入非常必要，单纯靠企业的自觉意识是不可持续的，可能一些大企业可以做，但是一些成长型中小企业尤其是制造行业，一些地方性企业，在成长过程中，根本不可能考虑到这么多。

美国管理协会(AMA)曾经对6000位经理进行过调查，得出结论见表5。

表5　美国各种利益相关团体对企业的重要性

利益相关团体	得分排序(最高为7)
顾客	6.40
职工	6.01
主要股东	5.30
一般大众	4.52
一般股东	4.51
政府	3.79

笔者对中国企业的利益相关群体重要性进行了调查(表6)。

本次调查以苏州大学商学院MBA班为调查对象。之所以以此为调查对象，一方面是由于苏州是全国的经济发达地区，思想观念开放，各项改革都走在全国前列，其中的“张家港精神”“昆山之路”“园区理念”全国知名；另一方面，MBA 班的学员来自苏州各个地区各个企业，具有代表性。

本次调查利用 MBA 班开课时间实施，采用现场集体测试的方式进行。测试时对问卷做简单说明，要求完成全部问卷的时间不超过 10 分钟。

本次调查共发放问卷 84 份，收回有效问卷 60 份。其中男性 35 人(58.3%)，女性 25 人(41.7%)；高层经理 2 人(3.3%)，中层经理 27 人(45%)，员工 31 人(51.7%)。

表 6　中国各种利益相关团体对企业的重要性

利益相关团体	得分排序(最高为 7)
顾客	6.25
职工	6.01
主要股东	5.3
一般大众	4.43
一般股东	4.42
政府	6.2

可见在中国，政府对企业的重要程度远大于其他国家。我国政府在强化企业社会责任过程中仍然具有独特的地位。在企业社会责任建设中政府有必要迅速、有效地介入，积极参与解决问题。

(二) 基于企业社会责任建设的政府角色定位

目前，我国企业社会责任缺失，需要政府有效介入企业社会责任建设，改变这种状态，并在这一过程中起主导作用。政府介入 CSR 的方式，表现为政府干预。为了使政府在 CSR 建设方面对企业的干预能产生积极效果，政府就必须对自己在 CSR 活动中的角色有一个清晰的认识和明确的定位。

针对我国 CSR 的现状，结合中国国情，借鉴西方发达国家的成功经验，根据经济动力、道德动力、制度动力因素分析，我国政府在 CSR 活动主要扮演规制者、推动者、监督者三种角色(图 3)，为此本文构建了政府三种角色概念模型，体现了政府在企业社会责任建设中的

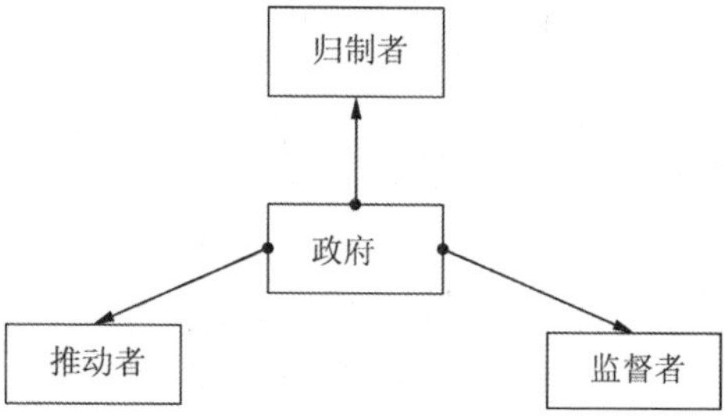

图 3

主导作用。

表 7　政府角色与动力因素

动力因素	政府角色
制度动力	规制者和监督者
经济动力	推动者和规制者
道德动力	推动者和监督者

表 8　政府角色与政府职能

政府角色	政府职能
规制者	制定法规、优惠政策；工具（评价体系）
推动者	推广引导；舆论宣传；CSR 投资；信息发布；激励机制
监督者	CSR 会计；CSR 审计；CSR 诉讼；信息备查

1. 规制者

政府在推动 CSR 发展过程中，主要依靠制定和执行相关的政策法规来推动企业履行企业社会责任。对法律意义上的 CSR 范围的界定，是我国未来企业社会责任立法中必然遇到的一个问题。

假设政府和企业之间展开博弈，政府的决策是指是否为 CSR 进行立法，包括制定一系列正激励、负激励政策，促进评价体系的建立和执行；而企业的决策是在政府决定是否立法之后决定是否遵守相关的法规。具体的博弈树如图 4 所示。

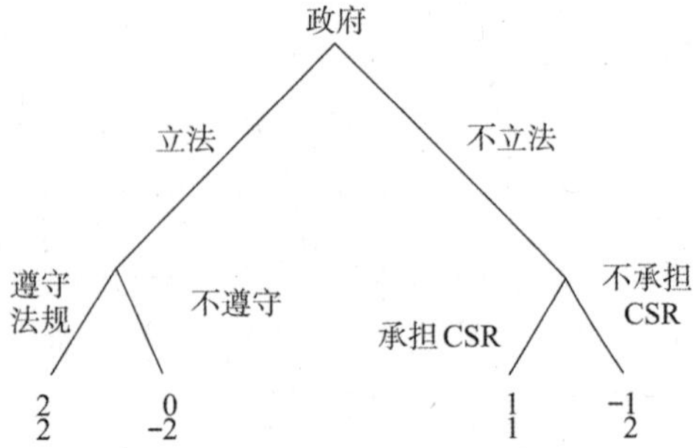

图 4

当政府不立法而企业不承担社会责任时，企业由于不需要承担相关的成本，也不会遭到惩罚，得到的支付为 2，而整个社会（除企业外）得到的支付为−1，即遭受了损失。当政府不立法而企业承担了社会责任时，企业由于承担了相关的成本，所以支付为 1。虽然该企业承担了企业社会责任，但其他企业非常可能不承担社会责任，从而可能使企业处于竞争不利的地位，并且没有发生承担 CSR 的协同效应，所以社会得益也只是 1。在政府进行了立法并且企业遵守法规承担 CSR 的情况下，企业的支付为 2（由于政府的优惠政策），社会得益为 2。在政府进行了立法而企业却没有遵守法规的情况下，企业遭到处罚，支付为－2，社会因为企业没有承担社会责任而遭受了损失，但从处罚企业那里挽回了部分损失，所以支付为0。很明显，只要政府是理性的，并且是为社会福利着想的，它就会制定相关法律，因为在政府制定法规后，无论企业是否守法，社会的福利都好于政府不立法时的情形。因此，对于一些明确属于企业执行范围的社会责任，政府应该通过制定和完善法规使企业主动自觉完成这些社会责任，以最经济的方式最大化企业和整个社会的收益。

美国是较早颁布法律、法令等强制性手段对CSR行为进行规范的国家。在美国影响下，法国、英国、德国、荷兰等都在各自立法中确立了倾向于就业、工资、工作条件等问题的CSR规定。比如法国就调整了企业法并视企业的利润和社会、环境责任同等重要。英国政府也采取了大量的主动政策来推进企业履行社会责任，同时调整政府在经济、贸易和其他政策方面的社会责任。日本和德国也对公司法作了部分修改，以突出对相关利益者的保护。此外，西方各国在政府的推动下还成立了旨在推行CSR的组织，比较有影响的有美国的社会责任商会（BSR）、英国的道德贸易促进会（ETI）、日本的良好企业公民委员会（CBCC）等。各国政府组成的国际组织则进一步推动了CSR标准的形成，包括SA8000（美国）、CSM2000（德国）等。

从制度动力和经济动力来看，政府制定了各种法律法规、优惠政策，并进行着各种工具的推行，承担着规制者的角色，推动企业履行企业社会责任。

2. 推动者

企业通过提供服务和产品来创造社会财富，所有商业活动的存在是健康经济的基本保证，而政府的角色，就是舵手，它应该指明方向。

不可否认的是，中国的政府的权力比西方国家要强大得多，因此，中国的企业不像外国企业那样对社会责任问题那样敏感，因为它们依赖着政府来解决大部分的社会问题。在西方国家提出的企业社会责任仍然是以自愿性为基础的时候，我们必须考虑到中国的国情，如果政府在这上面不作为的话，无疑是忽略了企业在社会发展中应该起到的作用。

加强社会责任意识既是国家形象问题，也是社会形象问题，关键在于我们如何理性地看待它并且如何运作令其宗旨服务于我们，这取决于政府是否对国民尽到了解释、说明的责任。政府可以通过运用行政资源，通过教育、宣传倡导、CSR研究，推动公众和企业提高对CSR活动的认识，推广引导企业提高

CSR,从观念上推动企业,使企业走可持续发展的道路,企业的发展,一定要站到战略高度,制定企业的发展规划。政府大力进行舆论宣传,还可以通过政府采购的方式给履行社会责任良好的企业直接的经济奖励,引导 CSR 投资流向,激励企业实施社会责任并对其行为进行软约束。

3. 监督者

我国处于经济社会经济发展阶段,如果一个企业怠于履行企业社会责任所带来的成本支出远远低于其所收到的利润,该企业在很大程度上就不会自觉地履行社会责任。因此,必须加大对损害社会利益行为的监督和处罚力度,这也是政府所担负的监督者的角色所要求的。

假设企业做出一件有违 CSR 的事情,得到的好处是 $B(x)$,其中 x 是事件的规模或者数量大小(这里设成污染规模或数量),但是企业做出这种事情可能会受到政府惩罚,即使成本相应提高。具体来说,政府有关部门规定对每单位违规事件以 T 单位的经济处罚;但是企业做了违反社会责任的事情,并不一定会被发现或者受到处罚,原因是事件并不具有明显特征或者突发性,或者政府相关部门运转的效率和规范性不够,导致企业逃脱责任和处罚,因此我们赋予企业被处罚一个正的概率 P。于是,有违反社会责任倾向的企业的目标为:

$$\mathrm{Max}(x)[B(x)-PTx] \tag{1}$$

解一阶最优条件得

$$\mathrm{Max}(x^*)=PT \tag{2}$$

其中,MB 是边际收益。按照最一般的情形,假设 $B(x)$是严格递增的凹函数,所以,当 P 和 T 越高时,企业违反社会责任的规模和倾向就越低。从直觉可知,设定 T 的大小几乎是无成本的,因为这只涉及法规上的设置,并不引发其他成本。但是,调整 P 的大小往往是有成本的,政府越努力执行法规,越积极履行监督角色,P 就越大。因此,可以将上述目标改为:

$$\mathrm{Max}(x)[B(x)-P(e)Tx] \tag{3}$$

其中,e 是政府执行法律和监督的程度和强度,因此,最优条件改为

$$\mathrm{MB}(x^*)=P(e)T \tag{4}$$

由此可见,此时提高 T 显得更有吸引力,因为它不引发成本,而提高 P 必须伴随着 e 的提高。该结论给出的含义是:一方面要加大处罚力度和有效监督,如果监督无效或处罚过轻,会有更多的企业做出违法的事情来。但另一方面,实际上 T 不能无限加大,政府仍然需要付出努力来提高 P,必须采取两方

面相结合的方法来遏制企业违反社会责任的事件发生。

政府制定出具有强制约束力的法律规范后,应该有效运用行政手段、信息备查等方式对企业实行监管。从道德动力来看,商务部研究院跨国公司研究中心发布了《2006 年跨国公司中国报告》,其中指出:有一些跨国公司进入中国后忽略社会责任,甚至做出了违背跨国公司社会责任理念和道德准则的事情,国内监控体系不健全、手段落后导致这种现象的产生。因此,道德动力的落实还是需要政府作为监督者来推动的;针对企业社会责任的制度动因,作为政策、法律的规制者、监督者,政府的角色是必不可少的。

第四章　我国目前企业社会责任现状

第一节　企业社会责任承担现状

企业社会责任是经济社会发展到一定历史阶段对企业提出的期望和要求。2006 年,企业社会责任在中国的发展到了一个全新的高度。2006 年 1 月 1 日,新《公司法》开始实行,第 5 条明确要求公司从事经营活动必须"承担社会责任"。各类 CSR 评选活动更是如雨后春笋般出现,喧嚣背后,企业社会责任在中国走了多远呢?

从总体上来说,中国发展企业社会责任的外部大环境压力还处于酝酿阶段,压力在不断积蓄,但尚未完全释放。在如此环境下经营的企业也就不会感觉到特别大的社会和环境压力,从而多数企业不会自觉走上承担社会责任的道路。甚至一些原来在发达国家操守良好的跨国企业,到了中国也开始放松对自己的要求,做出一些有违企业社会责任承诺的事情。

(一) 整体的企业社会责任观念

中国企业看待社会责任的态度已经逐步从防御阶段过渡到服从阶段,它们会服从明令要求的规定,将其视为企业运营之必需成本。只有少数企业可以从企业管理的角度看待企业社会责任问题,逐步将社会问题、环境问题整合到企业的经营管理中去。它们考虑的不仅仅是社会形象的问题,还有企业的责任竞争力问题。总而言之,目前,多数中国企业还未能将社会责任整合到企业管理中,企业社会责任在中国的发展也有待巩固。

从大环境上讲,中国在社会发展、环境治理方面的投入相对于经济发展的投入来说还是太少。中国的企业利益相关者往往是刚刚接触到企业社会责任的理念，对其并没有深刻的认识和理解，只能通过一些简单、直观的手段推动企业履行社会责任，压力不足导致企业欠缺履行社会责任的外在压力。

（二）消费者权益保护

近年来，尽管社会各界对消费者权益保护的认识越来越深入，但企业逃避社会责任的现象仍很普遍。2006 年 8 月，中消协联合全国 46 个副省级以上的消协组织，组织 5000 多名消费者开展了民航服务、旅游服务、商业服务消费体察活动，活动显示，公共服务业侵害消费者权益问题普遍存在。

一些经营者缺乏保护消费者权益的意识，不能认真履行保护消费者权益的义务，有些领域，损害消费者权益的现象依然十分严重，市场交易中生产假冒伪劣商品的现象还远没有得到根本遏制，消费安全问题突出。消费者的权益需求是企业实施社会责任的直接动力之一。在国内，受人们收入水平、生活质量和思维观念所限，消费者群体对企业社会责任还知之甚少，他们关注的还多是商品的价格和最终形态，对生产过程的关注也仅限于环境保护，劳工权益保护的问题还没有进入大多数消费者的视野。

（三）劳动者权益保护

1. 安全生产与职业健康

在劳工安全方面，我国仍然存在不少问题：与国际上公认的安全生产指标百万吨死亡率（即每开采 100 万吨煤的矿工死亡数）相比较，我国是美国的 100 倍、南非的 30 倍、印度的 10 倍。2004 年，全国仅各类生产安全事故就达到 80.37 万起，平均每天 2202 起。其中，平均每天发生 7 起一次死亡 3 人以上的重大事故，每 3 天发生一起死亡 10 人以上的特大事故，每一个月发生一起死亡 30 人以上的特别重大事故。2004 年全国矿难死亡人数达 6009，占世界矿难死亡人数总数的 80%，而当年产煤量仅占世界的 1/3。2007 年，全国仅各类生产安全事故就达到 50.64 万起，死亡 101480 人，比 2006 年分别下降 19.3% 和 10.1%，死亡人数五年来累计下降 27.2%，但煤矿等产业仍然重特大事故多发，死亡的煤矿工人数达到 3786，安全生产形势依然严峻。除此以外，诸如环境污染、做假账、生产假冒伪劣商品、征地拆迁寻租、“豆腐渣”工程等现象频频出现。可以说，我们正在为企业忽略社会责任的履行付出沉重的代价。

当前我国职业病工作的一个重要问题是，职业病发病人数、管理体制、法律法规落实等情况不清。一些从事有毒有害作业的用人单位，对国家法律法规的要求充耳不闻，既不对职业病危害进行申报，也不进行职业病危害评价和职业卫生审查；劳动者健康保护权益如培训、健康检查、危害告知、个人防护用品配备等的相关管理制度也很不完善，很多企业还没有把职业病防治真正落实到位，而流于应对上级的检查，职业病预防与控制管理制度的建立、管理责任意识与发达国家相比还有相当差距。

2. 劳工争议

改革开放以来，中国数以亿计的工人虽然因为经济增长而受益，但同时，中国劳工状况的改进速度远远落后于经济增长的速度。不少企业习惯于追求短期利益，漠视社会责任，缺乏以人为本的理念，导致企业社会责任缺失的现象时有发生。据统计，2003 年全国拖欠工人工资高达 1000 亿元人民币，以至于温家宝总理亲自出面为民工追讨工资。到 2004 年年底，全国进城务工的农民工被拖欠的工资仍然有 1000 多亿元。

一些企业违反《劳动法》规定，没有与员工签订劳动用工合同或不规范地签署劳动合同，侵犯劳动者权益事件时有发生，导致劳资纠纷不断。2007 年，我国劳动争议数量继续保持了增长的趋势。企业如果没有很好地履行基本的社会责任，单纯从商业利益出发，置员工基本权益于不顾，就容易引发劳资纠纷，并有可能由此演变为社会冲突。

（四）环境保护

中国有七成以上的河流湖泊及九成左右的城市地下水受到不同程度的污染。2006 年的环境统计年报表明，全国废水排放总量 536.8 亿吨，比上年增加 2.3%。其中，工业废水排放量 240.2 亿吨，比上年减少 1.2%；城镇生活污水排放量 296.6 亿吨，比上年增加 5.4%。全国废气中二氧化硫排放量 2588.8 万吨，比上年增加 1.5%；烟尘排放量 1088.8 万吨，比上年减少 7.9%；工业粉尘排放量 808.4 万吨。对比每年的环境统计年报可知，全国污染物排放总量还很大，污染程度还在加剧。企业主要污染物排放总量仍处于较高水平，机动车尾气污染、有毒有害有机污染等问题日渐突出。

一些企业为追求经济最大化而不惜破坏生态环境，致使“少数人受益，多数人受害，全社会埋单”的现象依然突出，一些地区显现出重大突发环境事件上升的趋势。个别企业以节约成本为由，较少考虑环境保护。有的企业还靠污染环境致富，将利润建立在破坏和污染环境的基础之上。而环境污染和生态破坏在一些地区已成为危害人民健康、制约经济健康平稳发展的一个重要因素。

（五）企业慈善公益行为

目前国内尚未建立慈善事业信息统计制度，很多部门都在接受慈善捐赠，使企业慈善捐赠的具体数据只能是粗略的估计。中国企业家调查系统2006年通过问卷调查发现，绝大多数（90%）企业都不同程度地参与了社会捐赠，且中国企业捐赠是中国慈善事业收入的主体。不同规模、产权类型和经营状况的企业在慈善公益捐赠方面存在一定差异，大型企业、上市公司、国有企业、营利企业、处于成长和成熟阶段企业的社会捐赠相对较多，2006年，有60.7%的大型企业慈善公益捐赠超过10万元，上市公司为50.5%，国有企业为27.9%，营利企业为26.4%，成熟阶段的企业为26.3%，成长阶段的企业为24.4%。

虽然中国企业慈善公益行为取得了一些可喜的成绩，特别是在2008年汶川大地震中涌现出很多表现优异的企业，但我们应该看到，我国企业捐赠的自主性和积极性不是很高，捐赠的形式、领域和渠道单一，捐赠水平仍然很低，企业员工参与公益事业严重不足。

第二节　基于CSR建设的我国政府作用现状

即使在西方国家，企业社会责任的出现也并不完全是依靠企业和企业家们自身的觉醒，更多的是在第三方公共力量和市民社会努力的基础上通过各种社会运动才发展起来的，在中国，企业社会责任的推动更离不开政府的积极倡导。目前中央政府关注企业社会责任的相关部门有商务部及其跨国公司研究中心、人力资源和社会保障部及国际劳工信息研究所、民政部及其社会工作协会、国家发改委、国家环境保护总局、国家认证认可监督管理委员会等。如果说中央政府的主要任务在于创造引导企业履行企业社会责任的环境，推动CSR立法，那么地方政府的主要任务在于制定地方企业社会责任的标准，切实监督企业社会责任的实施。自从企业社会责任运动在中国兴起，相关的很多地方政府，出于解决地方企业与社会的和谐问题的考虑，开始关注企业社会责任，其中以深圳市政府最为突出。深圳市积极推行政府倡导和推动企业履行社会责任，2007年5月9日中共深圳市委、深圳市人民政府颁布实施《关于进一步推进企业履行社会责任的意见》，为其他地方政府制定和实施相关企业社会责任政策提供了实践榜样。

(一) 政府积极引导 CSR 建设

1. 企业社会责任活动

如今,由政府发起或参与的企业社会责任活动在逐步增加,如 2006 年 2 月至 9 月就有几个大型的有影响力的企业社会责任相关活动。2006 年 2 月 16 日—17 日,商务部国际贸易经济合作研究院、跨国公司研究中心联合举办了 2006 年跨国公司中国论坛——“中国企业,公司责任与软竞争力”。2006 年 2 月 22 日,由国务院华侨办、中国新闻社指导,《中国新闻周刊》杂志社主办的“中国·企业社会责任国际论坛”在北京隆重举行。2006 年 4 月 27 日,由中国商务部和联合国贸易和发展会议联合主办,由中国集团公司促进会和商务部贸易经济研究员共同承办的中国企业“走出去国际论坛 2006”在北京召开。从以上活动我们可以看出,中国政府各部门目前正积极参与 CSR 的推动活动。

2. CSR 标准

随着我国社会责任的发展,政府和部门纷纷开始研究制定社会责任管理有关标准、管理体系、社会责任指引,推进社会责任指导意见等的制定和实施。如在 CSR 标准制定方面,中国企业联合会全球契约推进办公室开展全球契约企业社会责任技术指标体系研究,中国纺织工业协会制定实施中国纺织企业社会责任管理体系 CSC9000T 等;在 CSR 实施方面,上海银监局实施上海银行业金融机构企业社会责任指引,深圳证券交易所发布上市公司社会责任指引等。

3. 劳动者权益保护

劳动和社会保障方面的法律法规及相关政策措施,是劳动者维护自身权益的基本保障。随着社会主义市场经济的建立和发展,我国的劳动保障法律体系日益完善。如《劳动法》《工会法》《安全生产法》《职业病防治法》《妇女权益保障法》等基本法律,以及《劳动力市场管理规定》《集体合同规定》《最低公司规定》《失业保险条例》等一系列行政法规和规章,构成了企业履行 CSR、保障职工权益的法律基础。

4. 消费者权益保护

在我国,消费、消费者等词汇是伴随着市场经济的产生而产生的。1993 年《中华人民共和国消费者权益保护法》颁布以后,中国的消费者运动进入了政府依法保护的阶段。我国《消费者权益保护法》《产品质量法》《合同法》、“三包规定”等法律法规从各个方面、各个环节对企业生产、销售及服务提出了要求，成为处理消费者与经营者之间的消费纠纷的法律依据。

5. 环境保护

自1949年以来，全国人民代表大会及其常务委员会制定了环境保护法律9部、自然资源保护法律15部。1996年以来，国家制定或修订了水污染防治、海洋环境保护、大气污染防治、环境噪声污染防治、固体污染环境防治、环境影响评价等环境保护法律；国务院修订了50余项行政法规，发布了《关于落实科学发展观加强环境保护的决定》等法规性文件。国务院有关部门、地方人民代表大会和地方人民政府为实施国家环境保护法律和行政法规，制定和颁布了规章和地方法规600多件。政府在企业中大力开展循环经济实践，加大了环境保护投入，促进了资源的合理利用开发。

6. 慈善环境建设

为了激励企业捐赠，国家先后出台了多个涉及企业捐赠免税的条款(表9)。

表9　捐赠免税政策

出台时间	政策条款	主要内容
1991年	《中华人民共和国外商投资企业和外国企业所得税法》	在计算应纳税所得额时可以列为成本、费用和损失的会计项目中，包括“用于中国境内公益、救济性质以外的捐赠”
1993年	《中华人民共和国企业所得税暂行条例》	纳税人用于公益、救济性的捐赠，在年度应纳税所得额3%以内的部分，准予扣除
1994年	《中华人民共和国企业所得税暂行条例实施细则》	企业捐赠必须通过“中国青少年发展基金会、希望工程基金会、宋庆龄基金会、减灾委员会、中国红十字会、中国残疾人联合会、全国老年基金会、老区促进会以及经民政部门批准成立的其他非营利性公益性组织进行，直接向受赠人的捐赠税额不允许扣除”
1999年	《中华人民共和国公益事业捐赠法》	进一步规范了企业的捐赠和受赠行为，从法律上确立了捐赠人、受赠人和受益人的合法权益，推动了我国的企业公益捐赠事业的健康发展
2000年—2004年	调整受赠领域的有关规定	对公益性青少年活动场所的捐赠，向红十字事业的捐赠，向慈善机构、基金会等非营利机构的捐赠，向福利性、非营利性的老年服务机构的捐赠准予全额扣除。向文化事业的捐赠，对公益性的图书馆、博物馆、科技馆、美术馆、革命历史纪念馆的捐赠，对重点文物保护单位的捐赠准予在年度纳税所得额10%以内的部分扣除

续表

出台时间	政策条款	主要内容
2000年—2004年	调整捐赠渠道的有关规定	增补联合国儿童基金组织、光华科技基金会、中国扶贫基金会、中国煤矿尘肺病治疗基金会、中华环境保护基金会、中国青年志愿者协会、中国绿化基金会、中国之友研究基金会、中国文学艺术基金会、中国人口福利基金会、中华健康快车基金会、孙冶方经济科学基金会、中华慈善总会、中国法律援助基金会和中华见义勇为基金会等慈善公益机构为合法受赠社团
2007年	调整免税额度	第十届全国人民代表大会第五次会议通过的《中华人民共和国企业所得税法》,第九条专门规定了"企业发生的公益性捐赠支出,在年度利润总额12%以内的部分,准予在计算应纳税所得额时扣除"

(二)基于CSR建设的政府作用现状不容乐观

尽管中国政府一贯强调可持续发展、科学发展观和和谐社会,但在过去的若干年中,经济发展无疑仍是中国发展的主轴,地方官员、企业主管的思想仍然没有扭转过来。我们也不得不承认,中国仍在或多或少重蹈"先污染后治理"的覆辙。我国在计划经济走向市场经济的过程中,各项法律法规的执行不力是导致企业与国家政府在承担社会责任方面界限划不清的主要原因。政府管理部门只注重企业的利润和税收,而对企业守法行为的监督力度很不够。即使有些地方政府了解情况,也并没有从整体上积极推进,没有制定相关条例,地方政府仅仅是看到了与企业目前经济利益的关系,而没有看到企业发展与地方经济长期发展的关系。

政府部门总体上说是通过对企业施加压力促使其履行社会责任,比较典型的部门是劳动与社会保障部、国家环保总局、安全生产监督局等。这些部门都分别从劳动执法、污染控制和安全生产几个方面对企业予以监督。然而,这种猫捉老鼠的游戏往往难分高下,法律震慑力不足、执法不严、上有政策下有对策的状况仍时有发生。这些问题严重削弱了政府对企业的压力,不少企业甚至不惜铤而走险。比如2005年年底发生的吉林石化爆炸案就是一个很好的例证:吉林石化在事故发生前刚被环保总局评为国家环境友好企业,说明评选过程存在严重漏洞;吉林石化爆炸案发生后,由于信息传递渠道不畅,污染范围进一步扩大,甚至影响到俄罗斯水域,说明环保总局对企业监管力度不够;经过一年时间的调查,处罚结果才姗姗而来,而且处罚居然只是区区100

万元人民币，说明环保总局对企业惩罚的震慑力还很弱。类似的问题在劳动执法、安全生产监督工作中都存在。2006 年，商务部和发改委等主管经济工作的部门开始高调推进企业社会责任的发展。经济部门的介入预示着政府对企业社会责任的监管力度会加强，政府与企业在有关领域的对话也会逐步展开。

政府在企业社会责任中承担的作用，目前总体上来说还是未能完全凸显，只是正在努力向好的方向方展。

第五章　基于CSR建设的我国政府作用存在的问题

目前，我国企业社会责任缺失，政府需要有效介入企业社会责任建设，改变这种状态，并在这一过程中起主导作用。针对我国CSR的现状，结合中国国情，借鉴西方发达国家的优秀经验，根据经济动力、道德动力、制度动力，可知我国政府在CSR活动中主要扮演规制者、推动者、监督者三种角色。而目前我国政府在CSR建设中存在很多问题。

第一节　我国企业社会责任法制建设落后

我国作为发展中国家，在企业社会责任问题上已经走在了国际前列，将企业社会责任规定为一种法律责任以强化企业的承担。但同时，法律调整中存在的问题也是明显的。

（一）没有形成完整的法律体系，法律规定零散

现有的与企业社会责任相关的法律框架是以《公司法》为龙头的，但《公司法》除了在总则部分对此做出了模糊的原则规定外，并没有更加具体的明确规定，分则中也没有相应的配套规定。如《公司法》第14条规定："公司从事经营活动，必须遵守法律，遵守职业道德，加强社会主义精神文明建设，接受政府和社会公众的监督。"显然，这并不是对企业履行社会责任的明确规定。立法者对企业承担社会责任已经有了明确的方向性，但对其具体实施方法和范围等的认识还处在探索阶段。新修订的《公司法》尚且如此，其他如《全民所有制工业企业法》等毫无疑问就更加欠缺了。

同样，在作为企业社会责任相关的法律体系之主要构成的其他各相关部门法中，规定也都是散乱而不成系统的。企业社会责任中的法律问题涉及范围很广，与公司法、劳动法、物权法、合同法、环境法乃至国际法都有一定联系。可见，关于企业社会责任的法律比较分散。有关企业社会责任的承担或者在部门法中没有规定，或者即使有所规定，也是从另一个角度、为了其他目的而做出的。

法制约束机制的弱化使得企业处于不同程度的无法可依、有法不依、执法不严、违法不纠的状态。纵然会被法规查处，但由于惩戒力度不够，一些企业仍然不惜以身试法。

(二) 现行法律规定比较空泛，可操作性不强

企业对社会责任的承担实质上是通过具体行为表现出来的，企业的每一个具体行为都可能对社会产生积极或消极的影响，前者如吸收残疾人就业、改善工作环境、建造社区设施，后者如歧视女性就业、哄抬物价、垄断价格、污染环境等。对这些行为的鼓励或禁止都可以通过具体的法律规范予以调整，但现有的法律规定经常流于空泛，不可操作，或缺乏相关法律的配套，从而沦为一些空洞的口号。

如新《公司法》第 17 条、第 18 条是对职工权益进行保障的条款，但主要是原则性的规定，本身缺乏可操作性，而在"法律责任"一章中，更是没有一个条款涉及职工权益的保障，职工的请求权由谁提出、向谁提出、何时提出、提出未被接受的后果等，都没有明确。

(三) 相关法律缺失

广义的企业社会责任，有一种是消极的(即硬性要求企业来承担企业社会责任)，还有一种是积极的(即企业主动提出社会救助、慈善事业等)。在这方面，我国除了 1999 年施行的《中华人民共和国公益事业捐赠法》外，相关法律法规还未出台，处在空白状态。税收优惠的激励作用也只是限定在特定领域，企业履行其他范围内的社会责任可不可以享受税收优惠，企业社会责任是不是只能作为义务加以规定，这些都还未引起人们必要的思考。

相关激励机制的缺乏，使得企业在承担社会责任的过程中的损失得不到相应的补偿，企业缺乏继续保持履行社会责任的动力，在经济利益的驱使和侥幸心理的作用下，企业往往规避承担必要的社会责任。在访谈中，一些外企在回答为什么本企业在中国的社会责任执行标准低于在母国或其他发达国家的标准这个问题时，明确回答是因为中国法律中没有相应规定。因此，法规建设的滞后，已经严重地制约了企业社会责任的建设。

(四) 缺乏可执行和可操作的 CSR 认证标准

企业承担社会责任在很大程度上还停留在企业自发层面上，国家没有制定相应的法律标准，地方政府也没有根据地方经济和地方企业发展制定相应的社会责任评价机制和评价体系。有些地方政府正在尝试建立社会责任评价体系，比如深圳，已经走在了全国的前列，可以作为典型在全国推广。

第二节 我国企业社会责任推广不力

我国企业社会责任的推广取得了一些成绩，比如 2007 年 12 月政府专门成立了企业社会责任推广中心，推动企业社会责任的发展，也陆续取得了一些成绩。新闻媒体对企业社会责任的关注度也是逐年增加，特别是网络时代，许多新媒体的出现更是对企业社会责任的推广宣传起到了重要的作用，然而政府作为企业社会责任的推动者，仍然存在一些问题。

(一) 宣传方式有失偏颇，缺乏激励效果

以慈善捐赠为例，政府往往采用行政性摊派的方式，政府直接进入劝募市场，向企业发出对口扶贫、赈灾捐款、捐建基础设施等指令性劝募，企业在压力下，“被迫”捐出款物，参与公益事业。我们对苏州企业捐赠行为进行调查时，发现很多企业对政府劝募颇多怨言，但无从选择。通常不同所有制企业对政府劝募采取的“对策”不同，国有企业只能按照“指令”捐赠，而中资企业有一定选择余地，而外资企业选择余地最大。媒体往往也进行公益胁迫，有时候宣传方式有失偏颇，失去了推广和激励效果。个别媒体为了追求卖点，非常热衷于宣传中国企业(家)“为富不仁”，很喜欢把中国与美国相比，强调美国首富捐赠多少，中国富豪捐赠多少，完全不考虑二者的可比性，还经常将财富排行榜与慈善排行榜进行比较。媒体的此种做法在向企业(家)施加捐赠压力的同时，人为塑造了企业捐赠的“赎罪”动机，使企业捐赠的价值大大降低，在这种氛围下，民众难以尊重企业家的私有财产，在社会中进一步营造了“仇富”气氛。

捐赠可以免税，这是国家出台的一项重要的推动企业捐赠的政策，但仍然存在一些问题。虽然国家出台诸多捐赠免税法规，并且进一步提高了捐赠免税扣除额度，但与国外比较，我国捐赠制度设计本身还存在不足，缺乏完整规范的捐赠退税程序，缺乏严格的受赠主体限制，执行更是问题多多，我国税收减免制度还没有达到预期的激励效果。

(二) 缺乏有效的 CSR 投资引导

目前,在发达国家,注重社会责任投资已成为潮流所向,根据 2003 年度美国社会责任投资报告,到 2001 年,美国的社会责任投资总资产达 2033 万亿美元,占全美专业投资总额的 12%;欧洲的社会责任投资也显示出较大幅度的增长,到 2003 年,社会责任投资的投资信托累计建立达到 313 只,社会责任投资资产总额累计达到 1215 亿欧元,2004 年上升到 1903 亿欧元。为提高社会责任投资的绩效,发达国家的社会责任投资机构还专门设计制作了社会责任投资指数,指导金融机构进行社会责任投资。

社会责任投资在我国目前还处于起步期,我国基金管理公司在选择投资对象时,往往偏重于公司的财务表现尤其是近期财务表现,缺乏进行长期战略投资的雄才大略。这种做法看似对自己的基金持有人利益负责,但长此以往必将助长投资对象的唯利是图行为,最终导致投资对象、社会形象与赢利水平的集体沦丧。机构投资者应争当社会责任投资者。

第三节 我国政府在企业社会责任建设中监督滞后

2008 年的奶制品风波让人们对中国食品、药品等行业供应链存在的分散、监管不力等问题是否有所改善提出了质疑。含铅涂料玩具、受到三聚氰胺污染的宠物食品、含二甘醇的牙膏、广东的毒猪肉、河南的毒大米、四川的腐肉腌制品、湖南的"卫生筷"、广西的毒腐竹、湖北的毒酱油,以及掺入滑石粉的麦米粉、混入剧毒防腐化学药品的罐头食品、毒粉丝、工业酒精掺水的白酒、掺有吊白块的米粉、苏丹红、毒大蒜、光明乳业的过期奶、南京冠生园的月饼、北海喷有 DDT 的海鱼干品等,这一系列备受关注的产品安全事件严重损害了"中国制造"这一品牌的形象。最低标准的相关规定也常常执行不力,地方官员更关注增长,不关注安全环境,对这些问题往往视而不见。在这起事件中,三聚氰胺问题用了数周时间才公之于众,政府或三鹿集团都未解释拖延的原因。

企业社会责任运动的兴起和发展,说明由于企业本身存在逐利特点,为了追求利润最大化,不愿意承担社会责任,企业自身无法克服自己的固有毛病,就需要由相关中间机构来监督和管理,需要社会的广泛参与和外界的压力,从外部强制企业改变自己的经营观念,从不愿接受到被动接受最后到主动承担企业社会责任。在我国,这个监管责任就落在了政府尤其是以地方政府为主导的监督者头上。近年来，大矿难、毒奶粉、水污染、苏丹红使我国人们对企业社会责任开始关注和重视，但我们看到在政府监管上、法律执行上仍然存在很多漏洞。职能部门常常是对本部门有利的事抢着干，没利益的事就推。比如现在社会上反映非常强烈的食品安全问题，有法，但是，具体怎么执行，所涉及的部门应该怎么履行自己的监督职能或行政职能，都无定论，执法不严现象严重。

根据广东省社会科学院SA8000与企业社会责任课题组调查，很多地方政府官员对企业社会责任问题了解甚少，或者根本没有概念，对其中的利害关系也没有清醒的认识，对企业里存在的很多情况也并不了解。政府管理部门普遍只重视企业的利润和税收，而对监督企业守法行为力度不够。地方政府之所以这样，与地方政府的GDP目标和目前所倡导的服务型政府的定位有关。企业是发展地方经济的主体，也是地方政府服务的主要对象，地方政府仅仅看到了与企业目前经济利益的关系，而没有以发展的眼光来看待，所以对企业放任自流，有些所谓的"综合大检查"也是走马观花。一些企业向地方政府要求更为宽松的条件，甚至以搬走工厂相威胁。为了地方经济利益，地方政府只好睁一只眼，闭一只眼。具体表现在：地方政府过分注重企业经济项目引进，忽略环境保护或很少考虑环境保护；将利润建立在破坏和污染环境的基础之上，不利于经济的可持续发展。更有甚者，个别地方政府以不用为工人买保险作为吸引外资的优惠条件，这是很危险的。实际上，尊重企业自主权不等于对企业放任不管，对企业的监管一刻也不能放松。

在员工权益保障方面，地方政府只注重不出或少出安全事故，不注重职业健康保护和员工权益保障，造成相当一部分企业中职工职业病严重，或者职工权益严重受到损害，部分企业降低职工的收入和福利、雇用童工、随意克扣工资、超时和超强度工作以追求利润最大化。

假如一家工厂已经存在于某个行政地区，该地区现在实行的是宽松的政策标准（如环境标准、工人社会保障标准等），工厂当时投产该地区就有这方面的考虑，因为这为它们带来了成本方面的优势。如果现在政府决定改为实行更加严格的标准（实行严格标准会给社会带来一定好处），就有可能使工厂搬出该地区，从而导致经济上的损失。

第六章 企业社会责任旁落的道德影响

随着经济的发展、社会的进步、人们生活水平的提高、企业在社会中的作用的增大以及利益相关者力量的增强，整个社会对企业的要求越来越高，人们开始重视企业经营中的伦理问题。然而，在市场经济条件下，部分企业以利润最大化为唯一目标，往往为了实现自身的经济利益而不惜采取会给他人和社会利益造成损害的不道德手段和经营行为，不考虑或者很少考虑企业应当履行的社会责任。这些行为将对他人和社会造成一些不良的道德影响，我们称之为实践经济目标过程中的伦理代价。[1]

第一节 伦理代价的内涵

一、伦理代价的相关实质

作为以生产或服务满足社会需要的企业，在其生产、流通、服务等经济活动中，涉及诸多利益相关者（经营者、员工、债权人、供应商、顾客等）的各种利益。按照世界银行的定义，企业与关键利益相关者的关系、价值观、遵纪守法以及尊重人、社区和环境有关的政策和实践的集合构成了企业社会责任的基本内容。企业社会责任是企业为改善利益相关者的生活质量而贡献于可持续发展的一种承诺。

伦理代价实际上反映的是一种成本转移及责任缺失现象，即由于企业背弃其社会责任而将原本需要承担的成本及责任义务转嫁给消费者、企业劳动

---

〔1〕 罗建文.关于企业行为中伦理代价的理性思考[J].湖南教育学院学报，2000(6)：36－40.

者、自然环境等利益相关方或关系客体。本文之所以将为了实现自身的经济利益而不惜采取会给他人和社会利益造成损害的不道德的手段和经营行为称为“伦理代价”，就是因为这种代价的责任界定在目前法律规范、社会认知及问题解决等方面，缺乏足够反思与共识。在缺乏明确的可操作化法律规范的情况下，需要从伦理的视角，用理性的认识思考与探讨企业社会责任背弃所带来的代价转移问题。

二、伦理代价的组成内容

当经济高速发展、快速发展并带来现代经济奇迹时，环境、资源、人口及大量社会问题纷至沓来，不协调的经济发展使我们付出了沉重的代价。李兰芬教授认为，经济发展的伦理代价主要是生态伦理代价、社会伦理代价和主体伦理代价。

生态伦理是人对自然关系在痛定思痛的深刻反省基础上形成的一种理性认识和价值判断。生态伦理在本质上关系到人的生命的存在状态和生活质量。物质财富是改善和提高人的生命状态和生活质量的基础和保证，然而快速的经济增长并没有确保或更好地提升人的生命状态和生活质量，人类反而在痛苦地吞下由经济的过度增长所造成的恶果。自然对人的种种报复，是人类为过度的经济增长而付出的代价。人来源于自然，自然是人类的生存空间。自然界的各种资源构成了人类生活的重要资本，如土地、矿产、森林、海洋以及其他各种动植物资源等，没有这些因素的支持，人类就无法生存。但是，人类需要的不断增长使人总是不满足于自然界的固有恩赐，总是决心以自己的活动来作用自然、改造自然，使之服从于人类的目的。因此，从价值论意义上说，自然与人的关系是一种“为人而存在”的亦即服务于人的生存和发展的价值关系，这种价值关系将在人类实践活动中历史地发生、发展着。[1]

贫富差距的进一步拉大，造成新一轮的社会不平等，这是人类为经济增长所付出的重大社会伦理代价。工业文明的增长观是一种不健全的、畸形的增长观，它把经济的发展、国民生产总值作为衡量社会进步的唯一尺度，至于分配是否合理，就业是否充分，社会是否公平，都将屈从于经济增长的需要。对此，美国著名经济学家阿瑟·奥肯在其所著的《平等与效率》一书中指出，资本

〔1〕 韩丹.发展的伦理审视[D].武汉科技大学，2005.

主义市场经济“创造了一个高效率的经济。但是，对效率的追求不可避免地产生出各种不平等”。一些发达国家利用自己的资金和技术优势，凭借在现有国际秩序中的特权地位，掠夺性地利用和组织着全世界的生产要素，从而实现自身的经济增长。而经济实力比较弱小的发展中国家则往往成为发达国家经济增长的牺牲品。整个世界增长的物质财富仅为少数国家、阶层、集团和个人享用，而大多数国家和民众所得极少。贫富差距是在历史发展过程中逐渐形成的，但从价值层面来加以分析，贫富差距问题的本质是一个社会公正问题，贫富差距反映着人类在利用自然资源谋求生存和发展方面所存在的社会不公正、不公平等现象。

人格分裂是人类为经济增长所付出的最沉重的主体伦理代价。人格，是人们在生活实践中体现出来的人的性格、品格、风格，它包括人的信念、意志、气质、智慧、能力、品质等。人格不仅反映“人是什么”，更警示“人应当是什么”。人格分裂是一种不健全或病态的人格状态，具有这种人格状态的主体的言与行、内与外、理与情、主我与客我总是处于相互冲突的矛盾状态之中，难以实现人格全面发展。造成近代人格分裂的原动因是单一的经济增长与丰富多元的人性方式的对立以及经济增长中日益紧张的人与自然、人与人、人与自我的交往关系。人类为工业经济增长付出的伦理代价不止于环境污染、生态失衡、失业增加、贫富分化等，伴随而来的还有私欲膨胀、贪婪逐利、疯狂野蛮、焦虑抑郁和对理想信念的普遍蔑视等精神苍茫式的人格分裂。法兰克福学派的代表人物马尔库塞认为，资本主义在创造出巨大物质财富的同时，也使人丧失了对精神的追求和艺术的心灵，成为只追逐物质利益和享乐的“单向度人”[1]。自工业革命以来，人类理性力量得到了前所未有的张扬，拥有了空前的知识和能力，创造出了越来越丰富的物质财富。可惜，物质财富的奔涌动摇了人们的传统道德精神，繁荣和富足助长了享乐主义和拜金主义风潮，人类的目光日益局限于物质领域，精神生活日益贫乏，人成了物质生活的奴隶。正如美国当代著名的马克思主义经济学家保罗·斯威齐指出的：现代西方文明为了克服生产过剩和消费不足的矛盾，走上了无限扩张消费的道路。生产不再是以满足人的需要为目的，人的需要则被异化为满足生产扩张的条件。这种人性需要和物质生产之间目的错位的必然结果是物质的富裕解决不了世道人

〔1〕 韩丹.发展的伦理审视[D].武汉科技大学，2005.

心，物质的享受养育不成健康的人格。[1]

第二节 企业社会责任旁落的伦理代价

一、侵犯主体人性的伦理代价

（一）企业与消费者

在市场经济中，企业的经营和发展完全依赖于向顾客或者消费者销售产品，可以说，没有顾客，企业便无法生存下去。彼得·德鲁克在《管理实践》中写道："经营目标一个唯一合理的定义就是：创造顾客，经营状况是由顾客决定的，顾客是经营的基础，并使经营持续下去。"而随着消费者产品选择范围的扩大、人口的增长以及企业所面临的国内和国际竞争的加剧，企业将注意力越来越多地放在消费者身上，对消费者承担更多的社会责任，而通常这些企业也会获得更卓越的绩效表现。彼得斯和沃特曼在《追求卓越》一书中就指出，利润最丰厚的公司把主要的精力放在顾客身上。尽管理论界对此进行了充分论述，然而如前所述，以利润最大化为原则的企业往往重物不重人，忽视甚至侵害消费者权益，将消费者"物化"，并以此作为实现企业经济利益的一种手段。企业的这种行为自觉地或不自觉地侵害了作为主体的消费者的人性权利，从而带来了诸如信任缺失、安全感缺失、人格分裂、人情冷漠等方面的伦理代价。

1. 信任缺失（信任危机）

信任是社会生活的重要基础之一，它在人类社会生活中起着举足轻重的作用，是社会关系的润滑剂，是维系社会生活的重要纽带，也是社会发展的基本要素之一，自古以来，就得到人们的重视。在中国传统文化中，一般用"信"来表达"信任"的含义，如《论语》中的"民无信不立""敬事而信""足食足兵，民信之"等。而在西方文化思想史上，许多思想家都谈到了信任对人类生活的重要性。如古罗马思想家西塞罗明确指出："最高最真的荣誉有赖于以下三点：人民的爱戴、信任和敬佩。"[2]19 世纪末、20 世纪初反实证主义社会学思潮的主要代表之一齐美尔在 1900 年出版的专著《货币哲学》中谈道，信任是"社会中最重要的综合力量之一"，"离开了人们之间的一般性信任，社会自身将变成

---

〔1〕 李兰芬. 析经济增长中的伦理代价[J]. 道德与文明，2000(3)：11－15.

〔2〕 西塞罗. 西塞罗三论[M]. 徐奕春，译. 北京：商务印书馆，1998：180.

一盘散沙，因为几乎很少有什么关系能够建立在对他人确切的认知之上。如果信任不能像理性证据或个人经验那样强或更强，则很少有什么关系能够持续下来"[1]。

可见，自古以来，人们都认识到信任在社会生活中的重要性。的确，在社会的各个领域中都需要信任，然而当前社会中弥漫的信任危机却昭示着信任的缺失。信任何以缺失、信任危机何以出现？在我看来，从伦理学角度研究企业社会责任问题会给我们一个很好的解释。

信任体现着人对外部世界和他人的一种合理预期，表现着人与他人、人与社会的一种交往方式，表现为社会成员相信彼此在社会交往中会做出符合制度要求、契约要求的行为。因此我们有必要从马克思关于人的存在及本质理论上寻找答案。在马克思主义看来，人的存在表现出两个方面的关系。"生活的生产——无论是自己生活的生产（通过劳动）或他人生活的生产（通过生育）——立即表现为双重关系：一方面是自然关系，另一方面是社会关系；社会关系的含义是指许多个人的合作。"[2]也就是说，人的存在表现出两方面的属性：自然属性和社会属性。然而在这两方面属性中，决定人之为人的根本在于人的社会属性。"人的本质不是单个人所固有的抽象物，在其现实性上，它是一切社会关系的总和"，"全部社会生活在本质上是实践的"[3]。社会生活的主体首先是从事着活动的有生命的个人，这就决定了存在着具体的人的利益的差异性与层次性，在现实性上也必然存在着不同形式的个人利益。企业也是如此，作为社会的经济组织，它也有自身利益，那就是实现最大限度的经济发展和经济效益。在现代市场经济活动中，消费者存在着自身利益，企业也有自身利益，我们说两者的利益虽然有差别，但在根本上是一致的、统一的。企业的发展能更好地满足消费者的利益需求，而消费者是否购买与支持则是企业存亡的关键。而连接双方利益的一个重要纽带就是信任。企业的诚实经营行为会赢得消费者的信任，而消费者的信任则会助推企业的发展。

然而近年来不断发生的企业产品质量丑闻、侵害消费者权益事件则使连接消费者与企业的这条信任纽带几近断裂。以我国问题奶粉为例，自 2008 年三聚氰胺事件发生之后，国人对国产奶粉的信任降至冰点，该事件发生之后，

---

〔1〕 齐美尔. 货币哲学[M]. 陈戎女，等，译. 北京：华夏出版社，2002：178—179.
〔2〕 马克思，恩格斯. 马克思恩格斯选集[M]：第 3 卷. 北京：人民出版社，1995：33.
〔3〕 马克思，恩格斯. 马克思恩格斯选集[M]：第 1 卷. 北京：人民出版社，1995：56.

仍然有一些奶粉业的丑闻见诸报端，特别是不久前，相关业内人士更是爆料，“我国乳业标准世界最低”，这些事件严重摧毁了消费者对国内乳业的信任，所以才会有国内消费者到香港、澳门甚至国外购买高价奶粉的现象发生。从双汇瘦肉精事件、塑化剂风波、速冻食品病菌门、可口可乐中毒、地沟油、染色馒头再到最近的“皮鞋事件”（老酸奶、果冻、毒胶囊等），我国食品质量问题已经进入了集中爆发期，国内食品安全越来越成为消费者关注的重要事件，越来越多的消费者对企业的产品产生了信任危机，并成蝴蝶效应扩散到各个领域。在2012年5月14日召开的道德领域突出问题专项教育和治理会议上，提出了对食品安全问题零容忍的概念。“食品哪怕只有0.001%的不合格，落到消费者头上就是百分百。我们须臾不敢掉以轻心”，“就是要坚持对食品安全问题‘零容忍’，给老百姓以信心”[1]。一旦信任纽带断裂，企业与消费者最终会走向对立面。

企业违背社会责任不仅造成自身的信任缺失，还会给社会带来信任危机。弄虚作假、坑蒙拐骗、欺诈等有悖于诚实、信用等交往要求的行为层出不穷，导致社会成员相互之间缺乏信任，人们不愿意参与交往，对社会生活、公共事务和他人冷漠，参与意识减弱；对外部世界和他人充满焦虑、恐惧。更可怕的是，当人们发现即有的信任形式与方式不适用于现实的社会交往时，在一定条件下就会形成社会交往活动的无序。

2. 安全感丧失

在马斯洛的“需要层次论”中，安全需要排在生理需要之后，位居第二位。在马斯洛看来，安全需要包括要求劳动安全、职业安全、生活稳定，希望免于灾难，希望未来有保障，等等。马斯洛认为，一个国家多数人的需要层次结构，是同这个国家的经济发展水平、科技发展水平、文化和人民受教育程度直接相关的。在不发达国家，生理需要和安全需要占主导的人数比例较大，而高级需要占主导的人数比例较小；在发达国家，则正好相反。

当前，我国正处于社会转型期，同时也是矛盾凸显期，各种矛盾如激流汇至的当下中国，安全稳定的需要尤其突出。然而，作为人类最基本需要的安全感，如今却成了稀缺品。房子住不起，社会保障弱，食品安全忧，职业安全难，这些都共同造成了当下中国社会安全感的丧失。搜狐网站进行了一项名为

[1] 食品安全问题要“零容忍”，人民日报，2012-05-15(1).

"是什么造成你的不安全感?"的调查,经过投票统计得知,食品安全问题所得票数最多,成为造成安全感丧失的最主要原因。的确,最近几年所暴露出来的食品安全事件触目惊心。毒奶粉卷土重来,地沟油早已泛滥,"毒大米""毒豆芽"相继问世,最近台湾企业又爆出"塑化剂"事件,消费者面对层出不穷的食品安全问题已经变得无可奈何。

企业违背社会责任,不仅会使消费者丧失安全感,同时也会使整个社会处于一种缺乏安全感的焦虑状态之中,如果这种状态持续下去,甚至会影响社会的稳定。

(二) 企业与员工

传统企业理论中,劳动者只是企业的雇员,企业经营者视员工为企业的成本。随着人力资源管理理论的发展,人力资源管理成为企业管理的重要组成部分,员工被看作是企业最宝贵的财富,企业的任何活动,从产品的设计、生产到销售、服务等所有环节都需要通过员工来完成。管理大师德鲁克就认为,"管理任务的第二个主要方面是使工作富于生产性和使职工有成就"[1]。同时,从企业伦理的角度来看,企业也应该向员工承担伦理责任。劳动者作为参与企业契约的一方,直接参与企业的生产经营活动,卡罗尔认为他们是企业的内部利益相关者。另外,劳动者同时又是基本的社会成员,因此他们还拥有作为平等的社会主体所应拥有的权利。

1. 阻碍个性自由全面发展终极价值目标的实现

在历史唯物主义中,人的历史发展可以分为三大社会形态,即以"人的依赖关系"为根本特征的发展阶段、"物依赖关系上的个人独立"的发展阶段和个性自由全面发展的阶段。在以"人的依赖关系"为根本特征的阶段,人的发展呈现出原始的丰富性。所谓丰富性是指人的活动是丰富的、全面的。因为这一时期尚未有社会分工,个人的活动没有被社会分工所分割,因此人的能力的发展是"全面的"。马克思对此曾论述道:"在古代,一个人既是杰出的哲学家,同时又是诗人、演说家、历史学家、牧师、执政者和战略家。这样多方面的活动使我们吃惊。"[2]但是,这种丰富性与全面性又是原始的,因为在这一时期人的能力的发展是不充分的,而且由于社会分工尚未开始,没有形成丰富的社会

---

〔1〕 彼得·德鲁克.管理——任务、责任、实践[M].孙耀君,译.北京:中国社会科学出版社,2000:217.

〔2〕 马克思,恩格斯.马克思恩格斯选集[M]:第1卷.北京:人民出版社,1995:169.

关系,个人从属于特定的共同体,个体被淹没在共同体之中。在这种状态下,个人发展从属于共同体的发展,人发展的个性特征难以得到展现。而在"物依赖关系上的个人独立"发展阶段上,人的发展则呈现出深刻的片面性。所谓深刻性是指由于社会分工的发展,形成了比较全面和丰富的社会关系,同时人们改造自然进行物质生产的能力也日益增强。但是,社会分工的发展同时也造成人的能力的发展是畸形的、单一的。"由于劳动被分成几部分,人自己也随着被分成几部分。为了训练单一的活动,其他的一切肉体和精神的能力都成了牺牲品。"〔1〕人成了机器的一部分。人的历史发展的终极价值取向是个性自由全面地发展,也就是人的解放。在历史唯物主义中,实现人的解放、达到人的自由全面发展的终极价值目标的历史前提是消灭强制性的社会分工。"在历史发展进程中,在每一个人的个人生活同他的屈从于某一劳动部门和与之相关的各种条件的生活之间出现了差别,这正是由于在分工条件下社会关系必然变成某种独立的东西。"〔2〕

在对人的历史发展的阶段完成分析后,为了能更好地阐述企业违背社会责任阻碍人的自由全面发展目标的实现这一问题,有必要对企业的产生及作用进行分析。在历史唯物主义看来,企业的形成与发展是社会分工条件下的产物,社会分工是企业存在和发展的历史前提。分工的出现与发展使社会生活的各个方面被彼此区分开来,这些活动由不同的人来承担,分工越是发展,社会生活的这种分化就越是具体和精细,在这样的历史前提下,社会开始出现组织,而企业就是社会组织的一种重要的基本类型。但与此同时,社会分工也给个人的活动带来了限制,"当分工一旦出现以后,每个人就有了自己一定的特殊的活动范围,这个范围是强加给他的,他不能超出这个范围:他是一个猎人、渔夫或牧人,或者是一个批判的批判者,只要他不想失去生活资料,他就应该始终是这样的人"〔3〕。于是,个人就成了保证企业正常运转的一颗螺丝钉。

可见,只要社会分工还存在,那么在这种条件下产生的企业也就会存在,而维持企业正常运转的员工的发展就只能是"深刻的片面",员工的发展就只能永远处于"物依赖关系上的个人独立"的发展阶段,而达不到个性自由全面发展的终极价值目标。从这个意义上来说,只要企业这一组织形式还存在,就

〔1〕 马克思,恩格斯.马克思恩格斯论教育[M].北京:人民教育出版社 1979:206.
〔2〕 马克思,恩格斯.马克思恩格斯全集[M]:第 3 卷.北京:人民出版社,1982:86.
〔3〕 马克思,恩格斯.马克思恩格斯全集[M]:第 3 卷.北京:人民出版社,1982:37.

必然会阻碍员工个性自由全面发展终极价值目标的实现。然而,在当前的历史条件下,消灭分工实现人的解放是无法实现的,这就要求企业能够积极履行对员工的社会责任,实施员工关怀,为员工的个性自由全面发展创造条件。

2. 影响员工幸福感的提升

幸福是人们对美好生活的追求和感受,其内涵是很丰富的,既涵盖物质生活,也涵盖文化生活,以及社会生活和政治生活。随着广东省提出建设"幸福广东"的概念,幸福感成为社会热点词汇,各地也争相提出建设幸福城市的口号。的确,改革开放以来,我国经济发展取得了举世瞩目的成绩,GDP总量已经超过日本,雄踞世界第二。然而发展经济仅仅是手段,其目的是提高人民群众的生活水平,让人民群众得到幸福。切不可本末倒置,为了发展而发展,这样即使经济总量上去了,人民群众也享受不了发展带来的幸福成果。

要想提高人民的幸福感,就要弄清影响幸福感的因素。幸福感是社会心理体系中的一个部分,许多复杂因素会对它产生影响,主要包括:如收入水平、就业状况等经济因素;如婚姻质量、教育程度等社会因素;如价值观念、传统习惯等文化因素;如生活态度、自尊程度、民族性格等心理因素;还有如民主权利、参与机会等政治因素。[1]

作为企业员工来说,其幸福指数的高低一样会受到上面提及的这些因素的影响,而企业在其中起着十分重要的作用。企业通过对员工履行一定的社会责任,能够提升员工的幸福感,而随着员工幸福感的提升,他们也会更加努力地工作,提升企业的经营成绩,这是一个相互促进的过程。然而在企业实践经济目标过程中,往往将员工视为企业的成本,没有对员工履行社会责任,表现在迫使员工过度劳动、克扣工资、不顾工人的生命安全而违规操作和采取"包身工"式的管理等非人道主义的行为上。从伦理道德的角度分析,这些行为无视员工生命存在,忽视人的基本权利,丧失了最基本的管理伦理准则,是最为严重的侵犯主体人性的伦理代价,使提升员工幸福感成为空谈。

同时,幸福是与经济社会发展水平与发展阶段相适应的。随着经济社会的发展,幸福的标准也会不断变化。同样,企业员工的幸福标准也是在不断变化的。比如在以前,企业能够及时发放工资,不要求加班,员工的幸福感就会很高,然而随着经济社会的发展,企业员工的幸福标准中可能还会加上诸如企

---

〔1〕 赵立军.从心理学角度看工作幸福指数[J].学术论坛,2009(12):30-34.

业能够关心员工的发展、工作的成就感等。这就要求企业履行社会责任也能够与时俱进,否则是无助于员工提升幸福感的。

二、破坏生态文明的伦理代价

生态文明是指人类遵循人与自然、人与人、人与社会和谐发展这种客观的规律,从而得到的精神与物质成果的一切总和;也是人与自然、与人自身、与社会和谐共生、全面发展、良性循环、持续繁荣的文化伦理形态。[1] 人类文明目前经历了三个阶段,分别是原始文明、农业文明和工业文明。三百年前的工业文明以人类征服自然为主要特征,然而目前一系列的全球生态危机说明地球已经无法支持工业文明的继续发展,需要开创一个新的文明形态来延续人类的生存,这就是生态文明。中国政府早在20世纪90年代中期就开始提及生态文明,1999年,时任国务院副总理的温家宝说:"21世纪将是一个生态文明的世纪。"在2007年召开的第十七次全国人民代表大会上,正式提出生态文明,这是继物质文明、精神文明和政治文明之后第一次正式提及。在十七大报告中胡锦涛总书记指出,生态文明的建设,就是要基本形成这样一种模式:节约能源资源和保护生态环境的消费模式、产业结构、增长方式。生态文明的建设是一个长期的过程,然而企业背离社会责任的行为却给生态文明的建设带来挑战。

(一)破坏环境生态,影响人与自然和谐共生

生态文明首先强调人与自然的和谐共生。仅仅经历了三百多年的生态文明,人类就已经空前消耗了地表和地下资源,严重削弱了自然生态系统自调节自平衡的能力,资源枯竭、环境污染、气候恶化、物种灭绝,这些问题事关人类的生存。

企业是独立的自负盈亏的经济实体,在自然资源的开发使用上,企业往往为了自身利益而掠夺自然资源,无视自然环境的独立地位和在生产中的作用,无视人与自然和谐的生态环境,然而,地球上的资源终究是有限的。因此,在有限的资源条件下去企及无限的经济发展目标,其矛盾是无法调和的,所以人们不得不呼吸有害的空气,忍受工业污染和生活垃圾的侵害,承受噪音的无情干扰。有些企业为了实现利润最大化,全然不顾环境生态责任,严重破坏生态

---

〔1〕 谷红.树立生态文明观念加快生态江西建设[J].求实,2008(2):59-61.

平衡,给人与自然的和谐带来挑战。

(二)破坏社会生态,影响人与社会和谐共生

生态文明不仅强调人与自然的和谐关系,同时也关注人与社会的和谐共生。现今社会是公民社会,人成为社会发展的最重要的行动主体,与此同时对人自身的发展和满足也是公民社会中不可或缺的另一面。人是生活在一定社会中的,社会有其特定的生态环境,人要与生态环境发生各种关系,首先人从生态环境中获得自身发展的各种物质资源,其次人不能只是单纯地索取,还要在生态环境中实现自身的价值。人要实现自身的价值必须承认和尊重生态环境。承认和尊重生态环境就是要认识到生态环境的内在和固有的价值。这二者具有同一性。马克思曾经说过:“任何一个人类历史的第一个前提无疑是有生命的个人的存在,因此第一个需要确定的具体事实就是这些个人的肉体组织,以及受肉体组织制约的他们与自然界的关系。任何历史记载都应当从这些自然基础以及它们在历史进程中由于人们的活动而发生的变更出发。”[1]

制度具有伦理教育作用。制度告诉并强制规定人们可以做什么、不可以做什么,从而限定了人们活动的范围,人们在这个范围内可以自由做出行为选择,但是一旦超出这个范围就会受到惩罚。而制度文明是制度建设的结果,又通过制度建设及其过程体现。它在整个文明中具有重要的地位,从某种程度上说,一个国家的文明程度集中地反映在它的制度文明状况上,后者往往体现并制约着该国在物质文明和精神文明方面所能达到的程度。

市场经济是一种制度经济,市场中的每一个企业个体按照市场规则、制度进行交易活动,在交易中,完备的制度体系和严格执行制度的规范形成了良好的市场秩序。而在良好市场秩序环境之下,各个市场主体按照制度行事,制度的特点之一就是它对各种活动都有明确的规定,告诉了人们什么可以做,什么不可以做,因此,按照制度行事的结果就是可以对他人的行为有明确的预期,而当各个市场主体都可以对他人行为的可能性做出判断时,整个市场就可以维持一个良好的运行秩序,从而大大降低交易成本。但是,当市场制度不健全,或者制度健全但制度的执行不到位时,市场交易的秩序就会受到破坏,企业行为的规范化程度就会降低,人们无法对他人的市场行为做出判断,这势必会增加交易成本。

---

〔1〕 马克思,恩格斯.马克思恩格斯选集[M]:第1卷.北京:人民出版社,1995:24.

当前，部分企业为了实现自己利润最大化的目标，无视各项法规制度，在社会中广泛存在着有令不行、有禁不止，上有政策、下有对策的现象，为了一己私利公然挑战现有制度规定，严重损害了法律制度的权威性和严肃性。从短期来看，这些无视制度存在的企业可能会得到暂时的好处，但是如果从长远着眼，这些行为不仅会给自己，甚至会给整个市场环境带来灾难。因为市场交易的秩序受到破坏，市场交易活动是在一个不确定性的环境中进行的，这必将大大增加市场交易的成本和费用，导致“经济不效率”；而且更重要的是制度文明遭到破坏，不遵守制度的企业反而获得了更多的利益，这不仅使制度存在的合理性受到挑战，而且会使更多的市场主体践踏制度文明，最终会影响到该社会的经济发展、政治进步。

三、损害社会公正的伦理代价

公正、正义、公平，这些词语所表达的意义基本相同。随着时代的变迁，人们对正义的认识也逐步深化。柏拉图在《理想国》中说，正义是“每个人必须在国家里执行一种最适合他天性的职务”[1]，也就是社会中各个等级的人各司其职、各守其序、各得其所；亚里士多德相信平等就是正义，但正义分为“数量相等”和“比值相等”；以休谟、边沁、亚当·斯密和穆勒为代表的功利主义者认为，正义在于最大多数人的幸福，即功利主义原则；在罗尔斯看来，正义的对象是社会的基本结构，即用来分配公民的基本权利和义务，正义的要义就是要平等地分配各种基本权利和义务，各种职位和地位应平等地向所有人开放，任何人或团体除非以一种有利于最小受惠者的方式谋利，否则就不能获得一种比他人更好的生活。同时，罗尔斯提出了社会正义的两个原则，即平等自由原则和差别原则。平等自由原则要求给予社会成员平等的机会、平等的竞争，使社会成员平等地享受各种政策；差别原则强调保障社会不利者的利益，即对最少受惠者利益的保护。

严格来说社会公正应是一个与各个历史时期相适应的道德范畴，其产生、发展于对资本主义生产方式造成的贫富分化的否定之中。社会公正、共同富裕是对社会主义市场经济发展的道德期望，如果社会主义市场经济的发展脱离了这一道德期望而造成贫富分化、社会不公的话，那么社会主义就是失败

---

〔1〕 柏拉图，郭斌和．理想国[M]．张竹明，译．北京：商务印书馆，1986：154．

的。因此，温家宝在2010年全国两会上强调，我们不仅要搞好经济建设，还要推进社会的公平正义，促进人的全面和自由发展，他认为公平正义比太阳还要有光辉。

然而，目前我国仍然处于社会主义初级阶段，在发展的道路上面临着许多新情况、新问题，公平正义的目标在短期内还难以实现，尤其是企业违背社会责任的情况时有发生，更是损害了社会公正。

（一）拉大收入差距，损害社会公正

改革开放初期，为了激发经济活力，调动市场主体的积极性和能动性，邓小平同志鼓励一部分人通过诚实劳动先富起来，先富带动后富。的确，作为一种发展经济的刺激因素，合理的收入差距不仅能够激发人们努力工作从而获得更高的收入，而且也赋予了社会多元化发展的机会和欲望，激发了社会的活力。但是，如果收入差距过大，造成贫富分化，不仅不能起到“激励”和“示范”作用，还会使低收入者压力加大，产生对立情绪，影响社会稳定。最近社会上出现的“仇富”现象就很能够说明问题。

目前我国正在深化收入分配体制改革，从分配领域解决收入差距过大问题。然而，由于历史和现实的原因，人们同在企业中就业却产生了不同的收入，尤其是某些特殊岗位的人员不是凭借真才实学和努力奋斗，而是通过钻营取巧、利用转轨时期制度的不完善来实现自己的经济利益，这进一步拉大了收入差距，损害了社会公正。

（二）忽视外部负效应，破坏社会公正

外部负效应，也称外部不经济、外部成本。它指的是对交易双方之外的第三者所带来的未在价格中得以反映的成本费用，或者说是指某一产品的社会成本大于生产者私人成本的现象。[1] 最突出的一个例子就是工业污染对人及财产所带来的损害。中国有七成以上的河流湖泊及九成左右的城市地下水受到不同程度的污染。对比每年的环境统计年报，全国污染物排放总量还很大，污染程度还在加剧。企业主要污染物排放总量仍处于较高水平，企业作为社会主要的经济主体，其经济活动必然会形成正的或负的外部效应，同时也会面对其他社会主体形成的正、负外部效应。当企业的生产经营活动形成环境污染，影响居民的健康生活，影响其他经济主体的发展时，企业作为“经济人”，

---

〔1〕 韩丽华，潘明星．政府经济学[M]．北京：中国人民大学出版社，2003：42．

往往不会主动解决这些外部负效应，甚至拒绝承担赔偿责任；相反，当其他主体的活动形成正的外部效应时，企业则会“搭便车”，欣然接受而不愿付费。由企业从事生产经营活动造成的外部负效应，会给其他市场主体带来额外的成本，根据企业社会责任理论，企业应该积极解决自身造成的外部负效应，对可能产生负效应的行为积极预防，已经产生负效应的要积极治理并作出赔偿，努力实现外部效应内部化。然而，有相当一部分企业在造成外部负效应后，想方设法逃避责任，拒绝赔偿，企图将负效应转嫁到其他市场主体及普通公民身上，这种脱离企业社会责任的行为无疑损害了社会公正原则。

（三）践踏利益相关者权益，破坏社会公正

利益相关者理论是指企业的经营管理行为要综合平衡各个利益相关者的利益要求。与传统的股东至上主义相比较，该理论认为任何一个公司的发展都离不开各利益相关者的参与或投入，企业追求的是利益相关者的整体利益，而不仅仅是某些主体的利益。具体来说，企业的利益相关者包括企业股东、债权人、雇员、供应商、消费者等交易伙伴，也包括政府部门、本地居民、媒体、NGO等，甚至包括自然环境等受到企业经营活动影响的客体。这些利益相关者与企业的生存与发展密切相关，因此，企业从事经营活动必须要考虑它们的利益，这也是企业应该履行的社会责任之一。企业社会责任理论强调要尊重所有的利益相关者。企业固然可以追求利润，可以为股东赚取收益，但是企业的其他利益相关者并不是达成此目标的手段。股东、非股东利益相关者均是平等的契约关系主体，企业是各方利益相关者平等合作以满足和实现物质利益的制度设置，任何一方都必须尊重和维护其他利益相关者的利益。

然而，企业在实际经营活动过程中，往往将这些原则抛诸脑后，对这些利益相关者差别对待。很多人仍然是“股东至上论”的忠实推崇者，认为企业追求经济利润是为了给股东提供最大的投资回报，其他的不需要关心。他们不惜损害国家利益，损害消费者利益，损害其他相关企业的利益，损害社会公众的利益，具体表现在生产假冒伪劣产品、缺斤少两、偷税漏税、骗退外汇等缺乏社会道德责任的行为上。这些行为显然违背了公平正义的精神实质。

传统的人事管理将员工视为企业的成本，随着人力资源管理理念的发展，“人力资本”的概念被提出，企业将员工视为企业的重要资本而加以投资。企业社会责任理论认为，人力资本和物质资本同是企业不可或缺的组成要素，二者需要同等的保护。在制度设计、权利义务配置上，企业社会责任强调人力资本所有者、物质资本所有者的平等合作，认为两者应分享企业权利、共同参与企业事务。但是，尽管理论上取得重要进步，在实际的经济活动中，以追求利润最大化为目标的企业往往更为重视物质资本。这些企业在实践经济目标的过程中，更加重视物质资本的投入，而将人力资本视为企业的成本，不仅不加以投资，而且还想方设法地克扣员工工资，强迫员工加班。这种区别对待人力资本与物质资本的行为明显违背了公平、正义精神的实质。

第七章 企业社会责任问题的实然审视

从经济学视角来看，企业是理性“经济人”，创建和发展的整个过程都是围绕着利润最大化目标展开的。但是，我们不可否认的是，当今社会越来越多的企业因盲目追求自身利润最大化，相继发生了一系列的产品质量问题、慈善作假问题、环境污染问题，导致道德信誉危机产生。从伦理学视角来看，企业社会责任的履行是企业在享受社会赐予权利的同时，回报社会以应有的伦理道德义务的行为。因此，企业在追求利润的同时要承担对利益相关者权益保护的义务。而从企业自身的伦理价值观视角来看，在企业经营与道德是否有关、企业是否应当承担社会责任以及企业该如何承担社会责任等问题上都存在着模糊的观念，企业徘徊于自身道德与利益的博弈之间，以至于在现实的企业社会责任主体缺位的背景下，企业崇尚利益至上观念，权利与义务出现严重的失衡现象，对各类利益相关者的权益造成了实质性的伤害。

第一节 企业社会责任概念辨析

一、企业社会责任概念的演化

企业社会责任这一概念，于 1924 年由美国人欧利文·谢尔顿在《管理的哲学》一书中最早提出。谢尔顿把企业社会责任与公司经营者满足产业内外各种人类需要的责任联系起来，并认为企业社会责任有道德因素在内。此后，虽然经过不断的论战，由于企业社会责任理论本身的纷繁复杂，至今没有普遍认可的统一的企业社会责任的定义。目前比较著名的有以下几种。

美国学者伯文认为，如果企业在其决策中意识到存在更广泛的社会目标的话，将给社会增加经济和社会效益。戴维斯和布鲁斯特姆 1975 年给社会责任下了一个明确的定义：社会责任就是指企业的决策者有责任采取行动保护和促进整个社会的福利。他们提出企业应当采取两种行动：一是保护社会利益，即避免对社会产生负面影响；二是促进社会福利。企业的社会责任有四种类型。第一是经济责任。企业有义务生产社会所需的产品并出售它们来获利。如果一个企业在经济上无法生存的话，那么它的其他责任也无从谈起。第二是法律责任。企业在生产经营活动中，必须遵循国家和地方设立的法律法规。第三是伦理责任。伦理责任是对法律精神的回答，并有助于在法律条文不清楚或不存在时指导企业行为。一个有道德的企业所奉行的往往是超越法律之上的道德规范。第四是自由决定的责任或慈善责任。自由决定的责任与伦理责任的区别在于，前者是社会所希望的，做不做由企业自己决定，社会不可强求；而后者是社会所要求的，企业有应当做的道德义务。随着生态环境的日趋恶化和人们对生活质量要求的不断提高，企业的环保责任和对消费者的责任日益凸显出来。

1981 年，著名学者阿奇 B. 卡罗尔给企业社会责任下了一个综合性的定义，他认为企业社会责任是指某一特定时期社会对组织所寄托的经济、法律、伦理和自由决定（慈善）的期望，包括经济责任、法律责任、伦理责任和慈善责任。[1] 20 世纪 90 年代，企业社会责任国际组织（Social Accountability International，简称 SAI，总部设在美国）曾这样表达：企业社会责任与商业责任的区别，就在于企业除了对股东们负责（即创造财富）外，还必须承担社会责任，这些责任包括遵守商业道德和保护劳工权利，发展慈善事业和保护环境，保护弱势群体和捐助公益事业，等等。[2]

世界银行把企业社会责任定义为：企业与关键利益相关者的关系、价值观、遵纪守法以及尊重人、社区和环境有关的政策和实践的集合，是企业为改善利益相关者的生活质量而贡献于可持续发展的一种承诺。[3] 欧盟对企业社会责任的定义为：公司在资源的基础上，把社会和环境密切整合到它们的经营运作以及与其利益相关者的互动中。

《中国企业管理年鉴》（1990 年）有关于该概念的定义：“企业社会责任，可

---

〔1〕 伍旭中. 企业社会责任的经济学伦理学分析[D]. 厦门大学，2009.

〔2〕 周国银，张少标. SA8000：2001 社会责任国际标准实施指南[M]. 深圳：海天出版社，2002：24.

〔3〕 转引自田虹. 企业社会责任及其推进机制[M]. 北京：经济管理出版社，2006：12.

表述为，企业为所处社会的全面和长远利益而必须关心、全力履行的责任和义务，表现为企业对社会的适应和发展的参与。企业社会责任的内容极为丰富，既有强制的法律责任，也有自觉的道义责任。”[1]

综上所述，尽管关于企业社会责任的概念众说纷纭，莫衷一是，但纵观企业社会责任各家观点，还是可以找寻到某些一致性的。目前国际上普遍认同的企业社会责任理念是：企业在创造利润、对股东利益负责的同时，还要承担对员工、对社会、对消费者、对环境的社会责任，比如诚信、遵守商业道德、保护劳动者的合法权益、保护环境、维护消费者权益等。

二、企业社会责任概念的厘定

（一）企业性质界定

从伦理学角度出发讨论企业社会责任，首先要对企业性质有个明确的性质和概念判断。

企业是个历史范畴，是人类经济活动发展到一定历史阶段的产物，关于企业的定义，也是众说纷纭。詹森和麦克林认为：企业是劳动所有者、物质投入和资本投入的提供者、产品消费者相互之间的契约关系。[2] 罗纳德·科斯认为“企业的显著标志是对价格机制的替代”。我国学者徐沁认为现代企业一般是指从事生产、流通或服务等活动，为满足社会需要自主经营、自负盈亏、承担风险、实行独立核算、具有法人资格的基本经济单位。[3]

从历史唯物主义理论视域来看，作为独立个体存在，企业存在多层次的个别利益。作为社会构成，企业与其他社会组织要发生关系，企业也要对社会利益负责。企业一方面要以经济发展为基本职能价值，另一方面，这种经济发展要符合整个社会发展的要求。前者是企业的自然属性，后者是企业的社会属性。自然属性要求企业最大限度、最有效用地利用人力、物力等要素，努力提高企业的经济利润；社会属性要求企业处理好与各类利益相关者之间的关系。这是辩证统一的关系。社会属性引出了企业社会责任这一理念。

---

〔1〕 转引自李立清，李燕凌.企业社会责任研究[M].北京：人民出版社，2005：28.

〔2〕 张春霖.企业组织与市场体制[M].上海：上海人民出版社，1994：68.

〔3〕 徐沁，贾洪芳.现代企业管理——理论与应用[M].北京：清华大学出版社，2010：56.

（二）企业社会责任界定

企业具有自然属性和社会属性两个属性，企业社会责任概念的界定自然也要包含这两个属性。从伦理学的角度来看，企业除了追求股东利润最大化以外，还需要增进社会公益，积极推动社会的生存和发展。企业社会责任的主体是企业；客体，即所指向的对象，是指非股东利益相关者。对象的界定是由企业所涉及的 CSR 关系所决定的，根据我国现在的国情，CSR 的对象主要有消费者、员工、合作伙伴、社区、政府、生态与环境及其他社会责任对象。

第二节　企业的伦理实质

企业作为法人，具备“拟公民”的身份，是权利与义务的统一体。企业社会责任的伦理实质就是企业在享受权利的同时，对社会承担的一种道德义务。

一、企业是权利与义务的统一体

在我国，公民是指具有一国国籍，并依据该国宪法和法律规定能够享受权利和承担义务的自然人。西方国家对于公民的定义是这样的：个人在一个民族国家中，在特定水平上，具有一定普遍权利与义务的被动及主动的成员身份。简单地说，公民就是解释“我是谁”“我该做什么”的一个名词，它是我们个人在公共生活中的角色定位，本质在于其公民身份，是权利与义务统一的体现。企业作为法人，区别于自然人，根据概念推理，不属于公民。但是企业作为一个组织，具有“拟公民”的身份，也是权利与义务的有机统一体。

企业的权利是谋利的权利，主要包括：① 经济权利，包括法人财产权、经营管理权和公平竞争权；② 政治权利，包括用人权、发言权、参加协会权等；③ 技术权利，包括专利权、开发权等；④ 其他社会权利，包括文化权、环境资源权等。企业公民权利所对应的义务也就是企业社会责任，包括对各种利益相关者的责任。企业利益相关者主要包括股东、雇员、供应商、债权人、消费者、媒体、一般公众、其他社会团体等。关于企业利益相关者的分类存在众多观点，国内外的学术界均对该问题进行了阐述并提出了各自的分类方式。依据与企业是否存在合同关系的角度，西方学者将利益相关者分为契约型利益相关者和公众型利益相关者[1];依据所有权、经济依赖性和社会利益三个不同角度,将企业利益相关者分为拥有企业所有权的利益相关者、与企业在经济上有依赖关系的利益相关者、与企业在社会利益上有关系的利益相关者[2]。

本文根据利益相关者影响企业运营的主动性,将企业利益相关者分为三类。第一类,主动型利益相关者。主要是指那些与企业有着较为直接的利害关系,主动参与到企业的生产运营中,影响企业运营和发展的利益相关者,包括股东、雇员。第二类,持中型利益相关者。这类利益相关者与企业不存在直接的利益关系,一般情况下保持中立状态,不主动参与企业的生产和发展,也不站在企业对立面,主要起调节、引导的中介作用,主要有媒体、社会团体、一般公众、政府。第三类,被动型利益相关者。这类利益相关者被动受到企业影响,自身利益易于受到影响,能够通过"维权"行为反作用于企业生产运营的相关群体,主要包括债权人、供应商、消费者。

企业逐利本性与道德义务责任相互矛盾,企业逐步陷入权利困境。在企业社会责任主体缺位的情境下,企业运作过程中逐渐凸显出权利与义务的失衡现象,利益至上观念展露无遗,利益相关者的权益受到了严重的危害。

最早出现在古希腊时期,在近代受到边沁、密尔等学者推崇的功利主义思想给予了我们解释企业社会责任功利性的理论依据。功利主义主要寻求"善(或利)超过恶(或害)的可能最大余额(或恶超过善的最小差额)",关注人民行为所产生的实际效用,侧重于从行为带来的幸福总量以及所产生的快乐与痛苦之间绝对差额的大小来决定该行为的道德标准,判定该行为是善还是恶。[3] 亦即功利主义主要以行为的效用、功利作为道德评判标准。尽管强调最大多数人的最大幸福,但是它偏重于计算的特性使得这种幸福隐含了打着追求多数人幸福的名义牺牲少数人幸福的可能性,不是真正的尊重人、发展人的幸福,是一种不完善的幸福。

在道德与利益博弈的过程中,企业功利主义观念难以转变,以后果作为评判价值的依据。

---

〔1〕 Charkham, J. Corporate governance: lessons from abroad[J]. *European Business Journal*. 1992,4(2):8—16.

〔2〕 Cochran, P. L. & Wood, R. A. Corporate social responsibility and financial performance[J]. *Academy of Management Journal*. 1984(27): 42—56.

〔3〕 魏英敏. 功利论、道义论与马克思主义伦理学[J]. 东南学术,2002(1):23—26.

首先，从企业自身来说，企业以行为产生的结果作为其价值判断的终极标准。以功利主义观点为主导的企业往往遵循利益最大化原则，以尽量降低生产成本的方法衡量生产运营活动的效果。在生产过程中不注重行为本身的非道德性，以次充好、偷工减料、不卫生生产、高耗能高污染，以股东利益为主，忽视其他利益相关者的权益，从社会大量吸收信息、资源、资本，不仅不承担相应的义务，还对社会造成了严重的危害。其次，从地方政府这一公共服务主体来看，一些地方政府为了保护地方利益，维护自身形象，对违规、违法的企业不履责现象视而不见，发现问题瞒报甚至不报。如此一来，企业不仅在经济上侵害了利益相关者的利益，而且在道义上违背了交换中的权利义务关系，更在道德上违背了企业的社会伦理责任。一个企业过度重视经营业绩，把利益最大化作为终极追求目标，忽视社会道德责任，最终会导致企业自身在损害利益相关者利益的同时，难以获得竞争优势以及持久的发展。三鹿奶业以损害消费者权益为代价的生产方式，最终导致企业破产，这个例子就是最好的证明。另外，利益相关者对企业生产方式不知情、权益保护意识薄弱、法律法规不健全加深了企业权利与义务的失衡，对利益相关者的权益造成了威胁。

企业权利与义务的失衡主要表现为对消费者、雇员权益的侵犯以及对生态环境的破坏、在社会公益事业上的缺席。

（一）侵犯消费者权益

无论是社会还是企业，都对消费者权益保护问题越来越重视，但是，追求利润最大化的企业没有动力去承担法律以外的责任，正如 Behrman 和 Grosse 所提出的：没有企业愿意独自承担社会责任。[1] 作为逐利的主体，企业逃避社会责任，侵害消费者权益的行为屡有发生。部分企业粗制滥造、偷工减料而生产假冒伪劣产品，这些伪劣产品不仅浪费资源，劳民伤财，严重的甚至会威胁人民群众的生命安全。一些典型的危害消费者权益的问题有以下几种。

1. 产品安全性问题

产品的安全性问题日益引发人们对企业社会责任的关注。从企业伦理的角度来看，根据不得侵害他人权益和互利互惠的伦理原则，厂商应对顾客负有不生产和销售有安全问题产品的社会责任，应该对产品的安全给予“应有”的

〔1〕 Robert Grosse&Jack N. Behrman. Theory in international business[J]. *Transnational Corporations*, 1992, 1(1):127－134.

注意。然而在现实的情况下，一方面，由于缺乏统一的安全标准，企业在多数情况下无须说明产品可能造成的危险，而消费者由于受到自身专业知识的限制，很难辨别产品的安全性；另一方面，一般来说安全性较高的产品由于成本的上升导致其价格也偏高，而消费者对产品的安全性与产品价格承受能力的偏好并不一致，这样就导致产品安全问题时有发生。

2. 产品召回问题

产品召回制度，是指政府主管部门依照有关法律和法规，监督产品的生产者，使之对其生产和销售的缺陷产品进行回收、改造等处理，并采取相应措施消除产品设计、制造、销售等环节上的缺陷，以维护消费者权益、保护生态环境的一种行政管理制度。2010 年，丰田汽车因踏板设计存在缺陷，累计在全球召回 850 万辆车，这也是公司通过产品召回的形式来践行对消费者的社会责任的一个例子。一些跨国公司在产品召回问题上还会出现“区别对待”的情况，同样是存在缺陷的产品，在发达国家实施召回，而在发展中国家却拒绝召回，出现了跨国公司在不同国家承担程度迥异的社会责任的现象。

3. 串谋定价问题

串谋定价是指生产、经营者之间相互串通，订立价格协议或达成价格默契，以共同占领销售市场，获取高额利润的行为。2007 年，“方便面集体涨价”的消息席卷全国，国内部分地区甚至出现了消费者抢购方便面的怪现象。此次涨价是在行业协会——世界方便面协会的组织下进行的，因此被质疑为串谋定价。最近，各大日化企业的部分产品也曝出了集体涨价的消息，同样也给市场带来了恐慌。串谋定价的行为不仅侵害了消费者的权益，也扰乱了正常的市场秩序，必须予以打击。

4. 价格欺诈问题

价格欺诈行为，也叫作欺骗性价格表示，这一行为是指经营管理者利用使人误解的或虚假的价格手段，使消费者或者其他经营者与其达成交易的行为。《价格法》第十四条第四项规定，经营者不得利用使人误解的或虚假的价格手段，诱导欺骗不管是消费者还是其他经营者与其进行交易。经营者通常利用虚假标价、模糊标价、虚夸标价、虚假折价等形式诱骗消费者。尽管国家计委出台的《禁止价格欺诈行为的规定》已于 2002 年 1 月 1 日实施，但是在市场经济活动中，价格欺诈行为仍然非常普遍，严重侵犯了消费者的合法权益。

（二）侵犯雇员权益

近年来，我国政府虽然加大立法和执法力度，对一些法律和道德意识淡薄的企业无视员工利益的行为进行严厉打击和规范，但是总的来说，我国的劳工问题仍然很严重。无论是中国本土企业还是跨国公司、三资企业等，都存在着企业为降低人力成本，雇佣廉价劳动力、非法雇佣童工、要求雇员超工时工作、不依法支付加班费等侵害雇员权益的现象。此类问题主要表现为以下几个方面。

1. 劳动安全和保障问题

企业对雇员的生命健康必须承担相应的责任，其中为雇员正常工作以及安全生产提供一个良好的工作环境是企业保持正常运营的必要条件。部分企业为降低生产成本，不惜以伤害雇员身体健康为代价，生产条件恶劣，危险防护措施薄弱。近年来，连续性的煤矿安全事故就是最好的例证。例如，在 2008 年辽宁省孙家湾煤矿发生一起重大瓦斯爆炸事故，共有 214 人死亡，20 人受伤，直接经济损失达 4968.9 万元。[1] 大多数的煤矿开采公司规避安全生产义务，不具备安全生产的基本条件，在安全生产运作上投入不足，日常安全预防缺失，对雇员安全生产意识和技能培育不足，导致了企业以雇员的生命作为矿难的殉葬品。另外，在一些企业，充斥着各类有毒气体，患者长期在粉尘环境中作业，企业安全通道建设不足，这些都使雇员的身体受到损伤。而与此同时，企业对员工的人身保险费用投资又少，部分企业不为员工购买人身保险、社会保险等。尤其是外资企业和私营企业职工参保的比例明显较低，女性权益难以受到保障。

2. 劳动合同问题

据调查，2010 年 1 月至 7 月，北京市法院总计新收一审和二审劳动争议案件 21652 件，审结 15108 件。一审案件收案数比去年同期上升 10.3%，二审案件收案数比去年同期上升 39.7%。[2] 从这些数据中我们能够读到一些信息：现阶段企业与雇员之间的纠纷日益升温；从案件纠纷事件本身来看，以劳动合同纠纷为主。许多企业雇主往往抓住雇员学历水平低、法律知识淡薄的缺陷，聘用雇员时不与员工签订劳动合同。拖欠工资、支付工资最低水平违背国家

---

〔1〕 http://news.9ask.cn/shpc/shpc/201002/319306.html.

〔2〕 吕吉凤.不容回避的劳动关系矛盾　任重道远的通向和谐之路——本刊记者对话全国总工会集体合同部部长张建国[J].中国劳动关系学院学报，2011(1)：76－85.

法律规定等问题严重，导致员工在遇到职业病、欠薪、无故辞退、不缴纳“五险一金”等问题的情况下，无法利用法律渠道保障自身权益。

3. 非法用工问题

非法用工主要是指违反法律规定聘用未成年人、超时用工、加班加点、不依法支付加班费用等各种危害雇员合法权益的行为。目前，山西部分地区发生了无合法证照的小砖窑非法用工的现象，甚至出现了强迫劳动、故意伤害甚至致人死亡等严重违法犯罪行为，严重侵害了劳动者合法权益。在全国整治非法用工活动中，共解救了1340名农民工，这些农民工由于自身法律意识欠缺，受到企业的压迫，企业强迫工人超时加班、克扣工资等各类非法行为被一一曝光。

（三）破坏生态环境

企业作为重要的经济主体之一，在为社会创造大量的物质财富的同时，也给生态环境带来了严重的破坏和资源浪费。各类环境问题越来越受到人们的关注。其中，大气污染、水污染、水土流失、资源枯竭等环境问题已经成为现阶段我们必须关注和解决的关键性问题，也是企业利益至上观念下的权利与义务失衡的代表性产物。

1. 环境破坏和污染现象严重

近年来，工业生产对生态环境造成的主要伤害形式是环境的破坏和污染。据统计，我国已经有近70％的大中型城市空气和水流遭到了不同程度的污染。《第一次全国污染源普查公报》指出，我国机动车排放氮氧化物的量占总排放量的30％，对城市空气影响很大。畜禽养殖业污染问题已是在农业源污染中比较突出的问题，其畜禽养殖业的化学需氧量、总氮和总磷排放分别占农业源的96％、38％和56％。[1] 企业的资源开发和利用也是地质灾害的罪魁祸首。煤炭资源的开采活动对耕地造成了严重破坏，全国每年因资源开采而发生塌陷灾害的城市有近40个，因地表塌陷造成严重破坏的城市有25个。

2. 资源浪费严重

资源浪费现象的主要表现在于两点。第一，资源开采粗放问题严重。近年来，各类资源的开采技术有所发展，但是总的来说其开采方式还较为粗放，

---

〔1〕 中华人民共和国环境保护部，中华人民共和国国家统计局，中华人民共和国农业部. 第一次全国污染源普查公报(2010). 北京.

资源开采频率高，资源再生能力薄弱，而开采资源的厂商出现逐渐增长的趋势，导致出现资源枯竭的危机。第二，资源利用方式粗放。大多数企业技术水平低，资源利用率也较低，且回收率不高，导致资源大量浪费，助长了资源开采者，出现了恶性的循环。

（四）危害社会公正

企业与社会组织或团体以及公众之间的权利和义务均衡是社会公正的主要体现。但是，企业利益至上的观念往往导致企业与社会组织或团体与公众之间存在着各种信用缺失、慈善事业责任缺失的现象，危害社会公正的实现。

1. 信用缺失

企业信用缺失主要是指在与社会组织或团体的交易过程中，一些企业盲目追求短期利益，忽视企业信誉和诚信，合作造假、诚信缺失、逃避债务等的行为。国内企业信用的缺失已经逐步成为阻碍中国经济发展的一个巨大的桎梏。中国人民银行公布的数据显示，中国每年因企业信用缺失，为逃避债务而造成的直接经济损失就达到 1800 亿元左右。另外，国内企业 80%以上长期受“三角债”的困扰。国家税务监督局资料显示，在发达的市场经济中，企业间的逾期应收款约占贸易总额的 0.25%～0.5%，而中国这一比率高达 5%～10%，也就是说，我国企业的坏账率约为美国的 20 倍。[1]

2. 慈善公益事业责任缺失

企业参与慈善公益活动，是对公众的道德责任的承担，也是对其他社会组织或团体的一种资助活动。然而，现阶段，我国企业慈善意识不强，主要表现为以下三个方面。第一，捐赠不力。企业参与慈善公益事业的积极性不高，湖南省慈善总会在 2004 年收到的捐赠总额为 1806.6 万元，而 90%以上的湖南企业没有捐赠记录。第二，捐赠腐败。郭美美事件传得沸沸扬扬，正是由于红十字会中心私自截留捐赠款项，纳为私有。第三，捐赠失信。企业丧失信用，在实施捐赠时，趁机倾销过期商品、低劣产品以及不能满足受赠者需要的物品等。近年来，由于缺失诚信所造成的经济损失惊人，初步估算，从 20 世纪 80 年代迄今，共达 6000 亿元人民币在诚信的“缺口”中流逝。

二、企业是个体与社会结合体

企业作为社会的重要经济主体之一，为社会经济、政治、文化的发展提供

〔1〕 詹新宇.企业信用缺失的经济学分析及对策探讨[J].商业研究，2007(3):47—53.

了各种宝贵的物质财富，是社会这一统一体不可或缺的核心细胞。与此同时，企业的生存和发展又依赖于社会信息和资源的提供，社会是企业的母体，母体能否健康顺利地生长直接影响到企业能否成功地运营。因此，企业在向社会获取资源的同时，又应当对社会中与其有着直接或间接关系的利益相关者负责，提升道德境界，以此获取社会的赞许和支持，为自身发展开拓更为广阔的空间。

西方伦理史上，康德的理性主义论说虽然是唯心主义形式的，但是其最大的贡献在于揭示了道德伦理的本质特征，即道德伦理是作为总体的人类社会的存在对个体的要求、规范和命令。道德伦理作为一种意识形态，不可避免地反映着那个时代下统治阶级的意志，并用来解决个体和社会的矛盾，但是事实上，道德伦理作为人类整体的客观要求具体地体现在不同的社会历史阶段上。美国伦理学家莱昂斯认为："如果我们要功利主义的这种或那种形式，那么我们获得的东西就很少……因为任何一种纯功利主义伦理学理论都不可能形成牢固的道德信念。"〔1〕

企业承担社会责任与道德有着紧密的联系。① 道德与企业社会责任具有同一性，两者都追求"责任"。道德是一种利他性名词，要求个体在利己的同时又能够做到不危害他人利益，而企业社会责任亦然，它要求企业在运营过程中，将自身利己的目的与社会需要的利他性结果相结合。因此，作为一个利己和利他性、服务与牟利性矛盾的结合体，企业社会责任的关键问题就表现在如何协调利己和利他矛盾，实现利益与道德的统一上。② 追求道德是企业社会责任的基础。企业应当培育道德资本，追求崇高目标，但是这种崇高目标的实现并不是与牺牲、奉献等价值取向相一致的，而应当是以道德的方式去获取利益，这也是企业的社会责任之所在。正如密尔曾经提及过，"功利主义认为行为上是非标准的幸福原则并不是行为者一己的幸福，乃是一切与这行为有关的人的幸福"。同样，"一种牺牲如果不增加或不利于增加幸福的总量，功利主义则把它看成是浪费"。因此，企业社会责任的承担是以追求崇高的道德目标为基础的，在此基础之上寻求利益。

企业社会责任强调对各利益相关者利益的关注与保护，既是对传统企业经营理念的扬弃与超越（全球经济一体化环境下对企业经济行为的道德约束

---

〔1〕 莱昂斯. 伦理学与法治[M]. 葛四友，译. 石家庄：河北人民出版社，2006：4－5.

已成为其伦理实质)，也是对外部社会加诸其道德期望的自我调整与反思，其过程包括从道德他律的强制到道德自律的自觉提升。企业只有把强制性的外在的需要转变为内在的目标追求和伦理需要，才会真正发乎内心、自觉地考量社会对企业的道德期望，自觉履行其社会责任，这样才是真正意义上的履行企业社会责任。

因此，企业社会责任的伦理实质要求企业在获得经济利益的同时，要承担伦理道德义务。它也是社会对企业的期望，作为利益相关者的社会团体对于企业的期望能够为企业带来极大的正面以及负面的影响。企业应该遵守相应的质量、环保、劳动等方面的法规，加大力度优化产业结构、加快速度转型升级，大力开展低碳环保事业，坚持诚实守信的信念，及时关注与企业生存发展息息相关的各利益相关者的诉求，为社会发展贡献力量。且企业追求道德不是一味地追求完美与高尚，而是要恪守底线，要寻求道德与利益之间的平衡点。企业实质上是一个把利他性和为己性、服务性和牟利性内在地集于一身的矛盾统一体。

三、企业是道德与利益的矛盾体

企业社会责任与道德具有同一性，企业社会责任的伦理实质就是要求企业在满足经济利益的同时，承担对利益相关者的道德义务。然而，企业作为经济主体，其运营的一切目的都是追求利润最大化。马克思曾说过："人们奋斗所争取的一切，都同他们的利益有关。"这里主要从利益的三大功能(即利益刺激、利益竞争、利益协调)出发，来分析道德与利益的博弈。

(一) 道德与利益的静态关系

关于道德与利益内在关系的研究一直以来就是伦理学的基本问题，最早是由古希腊哲学家亚里士多德提出的。在他看来，"财富不是我们所追求的善，它只是有用的东西，并以他物为目的"。随着社会的不断发展，学者关于两者的关系研究不断深入和拓展，企业利益和道德的社会意义日益凸显，两者关系的重要性也逐渐突破对于个体的意义，逐步上升到对整个社会的进步和发展产生重大影响的地位。

1. 利益决定道德

根据唯物史观的观点，社会存在决定社会意识。经济作为社会存在决定着社会具备什么样的道德观念，尤其体现在市场经济下公平、效率、竞争、公正、独立、自由的社会价值观念的形成过程中。马克思主义伦理学认为，道德与利益的问题主要表现为两个层面的关系：第一是道德与经济利益的关系；第二是个人利益与社会整体利益之间的关系。道德作为社会意识形态的一种，它的产生和发展都不是凭空发生的，而是社会存在在观念中的反映。因此道德由经济关系所决定，而“每一个社会的经济关系首先是作为利益表现出来”的，道德与经济关系的作用就直接表现为利益决定道德。

利益对道德的决定作用主要体现在以下几个方面：第一，不同社会形态中经济关系中所表现出来的利益性质决定道德体系的性质。在原始社会时期，生产资料公有，氏族内部个人利益与整体利益相一致，决定了该历史时期平等的道德观。阶级社会产生后，不同阶级的利益的对立、冲突，决定了道德的对立斗争。第二，经济关系的变化决定了道德的变化。例如在原始社会时期不存在自私自利的观念，也就没有道德缺失的问题产生，各种鸡鸣狗盗、社会公德心缺失的现象就不会发生。

从企业履行社会责任的视角来看，企业的逐利动机推动企业道德行为的产生。亚当·斯密从人的互利本性出发，对人的行为动机进行分析，认为人性中所含的利他情感构成人类道德行为的普遍基础和动机，而人性中的自利倾向则是人类经济行为的动力。作为经济个体的企业，其对利益的重视程度、逐利方式、利益大小影响着该企业的道德程度。企业是以利润为动机的营利组织，正是企业这种逐利的天性，使追求利益的最大化成了企业家投资经营的基本目标。如果一个企业长期不能获利，那么企业根本无法去实现任何社会责任，这就导致一些企业没有能力承担企业社会责任。

2. 道德是利益的基础

道德由利益所决定，但是并不是被动地参与到社会历史发展过程中，而是以积极的、特殊的方式反作用于利益。

从整个社会发展的角度来看，优良的道德品质能够为利益的获取提供较强的优势基础，相反，一些落后的道德观念也能够阻碍经济体制的发展和变革。企业所需遵循的道德标准不同于社会道德，不需要尽善尽美和绝对的完美与高尚，而只需要恪守底线、具备社会责任感。但是这种有限的道德标准并不能被忽视。自贸易产生，“诚信”就成了最基本的商业道德准则，随着商业发展的复杂化、专业化，商业伦理道德的范围不断拓展。

长期以来，学界存在着一种观点，认为市场经济不需要道德，成熟的市场经济本身就能够自我发展，甚至认为道德不但无益还有害于经济的发展。虽然企业道德不等同于社会道德，但是两者存在共同点，如果过度强调利益而忽视道德，对于企业营利带来的“危害”也是显而易见的。尤其是在激烈的竞争下，“道德”在“利润”面前往往会变得不堪一击。而且从长远来看，将“道德”抛至一边的企业本身并不能维持长久的最大化的“利益”。只有当利益相关者的利益都得到了满足时，企业才能获得有利于自身发展的优势，追求利益最大化，也就是说道德是利益获取的基础。

（二）道德与利益的动态博弈

道德与利益紧密相连，相互影响，但是二者又是对立的概念。可以说，这种对立统一给企业承担社会责任带来了一道难以做出决定的“选择题”。企业作为经济主体，追逐利润最大化是其本性，企业的道德主要体现的是企业对于社会的责任感。企业道德与利益的博弈最终的结果就是寻求一个平衡点。

1. 利益刺激：企业社会责任的道德边界

利益刺激下，企业追求利益最大化，但是基于社会责任的压力，企业只能在利益与道德之间寻求一个平衡点，因此，这时就产生了企业社会责任的最适投入水平。企业社会责任的最适投入水平就是企业社会责任的边界问题。“企业社会责任边界”是企业社会责任由量变到质变的分界线，一旦超越范围边界，承担（或不承担）社会责任就会给企业带来危机；从最优行为看，“企业社会责任边界是企业利益相关者就‘企业社会责任’进行利益博弈的均衡结果”[1]。结合我国社会实际和国际社会的发展状况，目前我国企业承担的社会责任包括以下几项。

(1) 对雇员的责任。德鲁克强调“企业唯一的、真正的资源是人，要使员工取得成就就需要将人作为一种具有各种独特的生理和心理特征、能力，以及具有各种独特的局限性和独特的行为方式的生灵来对待”。而道德是人之为人的内在规定，道德价值的根本所在主要体现在尊重人、发展人和成就人三个方面，企业社会责任伦理道德的主要价值诉求即在于坚持人本理念。尊重雇员利益、开发雇员价值、发展雇员能力是企业社会责任对人本理念最本质的彰显。企业对雇员的责任不仅体现在保证雇员劳动权利的法律义务上，而且还主要地体现在对雇员的薪资待遇、福利、劳动保护、劳动环境等的安排上。

---

〔1〕 黄晓鹏.企业社会责任:理论与中国实践[M].北京:社会科学文献出版社,2010:138.

(2) 对消费者的责任。消费者是企业存在的目的价值。企业生产运营的最终对象是消费者,产品生产销售链的终结点是消费者的使用。因此,追根溯源,我们发现对消费者的责任就是企业存在和发展的最终价值体现。德鲁克曾经一再强调企业的目的是"创造消费者"。企业对消费者的责任主要体现在认真审视其产品和服务的质量,为消费者谋利,使消费者能够感知企业的用心从而充分信赖企业等方面。

(3) 对债权人的责任。企业债权人也是企业重要的利益相关者之一。对债权人的责任主要表现为企业秉持诚信交易的原则,与债权人之间的交易合法、善意、无过失,切实履行依法订立的合同。企业债权人的权利是否切实履行,是否被受到尊重和维护,直接关系到企业债权人所预期的经济利益能否得以实现,因此企业要严格遵守和债权人之间的交易规则,对债权人负责。

(4) 对社会公正的责任。企业在追求利益最大化的过程中往往会出现一些有损社会公正的行为。为促进企业社会组织或团体以及公众之间的和谐关系,保证社会公平,企业有必要承担起对它们的责任,矫正多索取少付出的不公正现象,秉持交易和契约公正,积极参与社会公益事业,正确处理与利益相关者的关系,以主动承担责任的态势应对社会组织或团体以及公众对企业的贡献。

(5) 对生态环境的责任。面对日益严峻的环境问题和资源危机,企业作为经济主体的代表,其生产和运营过程中无不与资源和环境打交道,理应做出回应,主动承担对生态环境保护的责任。一方面,改进技术,节能减排,变高耗能产业为低消耗、高效益产业;另一方面,"谁污染谁治理",主动偿还对自然的亏欠,从事环境保护事业,高污染型企业应主动承担相应的污染费。

2. 利益竞争:企业社会责任承担的困境

道德和利益的博弈不仅体现在单一的利益主体中,还体现在多个利益主体的竞争中。[1] 单个企业在利益刺激下,考虑到道德是利益的基础,只有主动承担相应的社会责任才能够取得长期利益的最大化,因此,在道德与利益的博弈中,往往选择寻求两者的平衡点,即及时了解利益相关者的利益诉求,主动承担社会责任。但是,企业作为经济主体,不是单一的,而是以多样化、复杂化的形式存在于市场经济中的,各个企业之间存在着激烈的竞争。由于企业

〔1〕 黄晓鹏.企业社会责任:理论与中国实践[M].北京:社会科学文献出版社,2010:217.

战略眼光存在差异性，对长短期利益的重视程度存在差别，因此，在道德与利益的博弈中，企业往往沉陷于承担或不承担企业社会责任、如何承担社会责任的困境中。企业为获得与其他企业相区别开来的利益优势，在道德与利益之间会采取两种路径，一种是“阳光博弈”，一种是“暗箱博弈”。

（1）阳光博弈。从长远来看，企业承担社会责任符合利益相关者需求，能够获得良好的声誉和形象，树立品牌效应，在竞争中占据优势地位。企业如果一味追求利益最大化，就会危害利益相关者的利益，而适当承担社会责任又能够为其带来持续性的利益，因此，理性的企业会在道德与利益之间取平衡点，承担对消费者、雇员、社会公正、生态环境的责任。在承担社会责任的方式上，通过博弈，企业会采用正面、积极的应对方式。首先，通过承担社会责任，形成良好声誉和形象，使品牌深入人心，以取得利益相关者的信任，赢得政府好感。其次，主动与其他企业合作，承担社会责任，在社会责任承担上形成竞争优势。企业通过社会责任形成积极的道德资本，在企业经营活动伤害到利益相关者时，道德资本的存在使受害者对企业的伤害动机做出良性的评价，降低其制裁报复企业的强度，同时还能减少企业关系资产的损失。

（2）暗箱博弈。就短期利益来看，企业主动承担社会责任，势必使得企业在资源、资本上消耗较大，成本的增加也是必然，如此一来，在竞争中其运营利润往往与其他实力相当的企业产生差距。因此，部分企业目光短浅，在利益竞争中重视短期利益，不仅不承担社会责任，还采用各种非法方式获取竞争优势。首先，贿赂政府官员，影响政府关于企业社会责任承担的相关政策的制定，在审批放松、监督不力的政府腐败作为下获得政治优势。其次，违法生产运营，破坏生态、浪费资源、危害消费者权益以追求利润最大化。

3. 利益协调：企业社会责任履行的动力

道德与利益博弈下，企业往往偏向于利益获取，而社会责任的承担处于被动状态。理性企业能够意识到履责的重要性，通过道德与利益的“阳光博弈”，努力追求两者的平衡点。但是，平衡点获取的关键并不仅限于企业自身的努力，毕竟利益决定道德，没有一定的经济基础，社会责任承担就无从谈起。而一些非理性企业，功利性较强，违背社会公众利益以追求利益最大化，但这也并不是无药可医，需要政府、公众、媒体等外界力量加以引导、监督和规范。因而，无论是“阳光博弈”抑或是“暗箱博弈”，都需要寻求一个协调机制，从而使企业将内部的利益需求和外界的压力糅合成同一股推动力，推动企业道德与利益的最终平衡。

而这种协调机制和动力就是利益，尤其是政府加以引导，给予其利益导向。如此一来，道德与利益的博弈就转化为政府与企业之间的利益博弈。两者的博弈存在以下几方面的特点：① 政府与企业都是理性行为主体，两者博弈的地位平等，企业在政府规制的范围内可以采取策略与政府“叫板”；② 政府与企业博弈的根源在于寻求利益平衡点，即在社会利益得到最大化的同时，企业自身利益的最大化也能够实现，因此，两者易于从讨价还价走向合作；③ 就博弈结果看，一种是政府趋向于依法管理企业，为企业履责提供利益引导，企业依法运营，自觉履行社会责任，另一种是企业通过建立“利益同盟”，与政府力量形成对抗，抵制社会责任的承担，因此，在企业道德与利益的博弈之下，企业履行社会责任的动力主要来自政府的引导、社会参与和企业自觉。

第三节　企业社会责任主体的三重缺位

企业社会责任承担的现状并不乐观，多方利益相关者的利益尚未得到满足，甚至受到企业经营行为的损害。企业往往显示出功利主义的倾向，在道德与利益的博弈中，倾向于以“利益”开道，“道德”摆两旁，即崇尚利益至上的观念，对股东以外的利益相关者造成了严重的利益危害。企业利益相关者的利益无法得到满足的关键性原因是企业社会责任主体的缺位，即政府、企业、社会的缺位。在责任主体缺位的情境之下，企业在道德与利益的博弈过程中趋向于运用利益至上的伦理价值观念指导企业行为。

一、政府角色的缺位

（一）政府的角色分析

企业在追求自身利益的同时，被一只无形的“看不见的手”引导着，它是一种不以人的主观意志为转移的客观法则的力量。在转型时期，企业个体利益与社会公共利益紧密联系在一起，企业要实现自身的利益必须首先遵循社会利益，依靠社会力量去行动。政府在推动市场经济发展、社会稳定、生活富裕等方面扮演着“看不见的手”的角色。西方发达国家企业社会责任之所以发展迅速，并非依靠企业家自身觉醒，而是依靠这些国家成熟的市民社会以及各类社会运动的推动。而在中国，一方面缺少如此成熟和健全的市民社会，另一方面，企业自觉履行社会责任会导致成本的增加，使逐利目标受到阻碍，因而缺乏自觉承担的原动力。因此，在这一特殊的历史时期，政府在推动 CSR 的发展过程中起到主导作用。其主导作用主要表现为三种角色定位：规制者、监督者、引导者。

1. 规制者

该角色定位主要是指政府通过制定和执行政策、法规来推动企业履行社会责任。《欧洲企业社会责任多方论坛最终报告》中指出公共权力机构的行动主要从三个方面展开：一是提高企业社会责任意识，完善企业社会责任意识；二是发展自身的能力，从而帮助企业社会责任融入主流；三是确保形成有利于企业履行社会责任的大环境。其中，关于构建有利于企业履行社会责任的环境，论坛阐明：特别是在发展中国家，公共权力机构有责任提供一个法律框架，以保护公民个人、社会和经济权益（包括人权），以及保护推动经济、环境和社会进步的经济和社会条件。而我国作为发展中国家之一，正处于社会经济转型时期，企业逃避社会责任的经济行为屡见不鲜，这些行为危害社会公众利益，使政府陷入信任危机。企业逐利的本性促使企业在面对是否应当承担社会责任从而满足社会公众的利益需求这一问题时，偏向于考虑自身利益，追求自身快乐，不愿意使自己的成本增加，而危害公众利益的行为一旦产生，如果没有较为完善的法律体系，那么企业就会更肆无忌惮地“不履行”。同时，评判企业是否履行社会责任以及其履行的情况，都需要政府不断完善相应的评价体系，配置相应的评估机构。

2. 监督者

当承担社会责任会在相当大的程度上增加企业运营成本时，许多企业不愿自觉履行社会责任，这就必然导致会有众多违背国家法律法规，甚至勾结政府官员逃避社会责任，破坏公众利益的行为出现，在此基础上，政府作为社会管理者就有必要加大对损害利益的行为的监督和惩罚力度。政府制定了具有约束力的法律法规后，就应当运用有效的法律、社会舆论、行政手段、网络机制等渠道，加大对企业的监管。首先，要不断完善企业社会责任信息披露制度，鼓励企业向社会公众公开自身的运营状况，为社会监督提供渠道；其次，借鉴西方国家经验，制定相应的审计制度，要求企业主动提供自己的社会责任报告，在进行自我评价的同时，实行对企业的定期和不定期的监督检查。

3. 引导者

随着政府职能的不断转变，政府干预经济发展的旧趋势得以抑制，尤其是服务型政府的构建要求政企分开，职责分明。政府作为公共产品的提供者，在企业社会责任履行过程中所扮演的角色不应当是“运动员”，而应该是“指挥员”，是“舵手”，为企业履责指明方向，推动企业更好地履行社会责任。西方国家，尤其是欧洲国家的政府高度重视企业社会责任的构建，认为能够通过公共政策引导企业增强社会责任理念。理念作为一种精神层面的东西，能够直接对行动产生影响，因此，作为“舵手”的政府应当首先在理念上加以引导，促使企业在追求利润的同时，主动承担社会责任，以提高自身竞争实力。

（二）政府缺位的表现

转型时期企业社会责任缺失的关键性的原因在于政府管理部门角色定位不清，主导作用发挥效用不大。北京数字100调查公司近期开展的关于“企业社会责任公众评价调查”的结果显示，公众认为企业缺乏社会责任感的主要责任人是政府部门，企业只是次要责任人，这一结果令人感到震惊，但是这也从一个侧面显示出政府在企业社会责任构建中的重要性，因此，我们有必要充分了解政府缺位的表现及其造成的危害。

1. 法律法规不完善

近年来，我国对于企业社会责任的研究不断重视，关于该问题的立法也不断加以完善。在劳动者权益保护方面，有《劳动法》《劳动保护法》《安全生产法》《就业促进法》等单项法律法规；在消费者权益保护方面，有《消费者权益保护法》《标准法》等；在经济关系方面，主要有《商标法》《反不正当竞争法》等；在生态环境保护方面有《水土保持法》《野生动物保护法》《森林法》等各项法律法规。可见，政府在立法规范方面已经取得了一定的成效。但是，就整体而言，我国关于企业社会责任的法律法规体系尚不完善，利益相关者的利益诉求不能够较为全面、具体地在法律层面得以体现。

首先，就全面性而言，相关法律法规主要集中在环保、消费者权益保护、劳动保护、就业保障这几个长期以来较为突出的问题上，而对于近年来日益凸显的慈善事业、垄断行业企业权力的控制等方面的问题，尚没有针对性的法律加以规范。尤其是汶川地震以来，多数企业主动捐赠物资，而实际捐赠是否到位、是否存在虚假造势的情况，政府无从得知，也不曾管制，只是依靠舆论媒体的力量对其产生影响，缺乏相应的法律规定。其次，就具体性而言，许多关于企业社会责任的法律法规和评价标准制定尚不够具体，对于企业应当承担哪些社会责任、如何承担、承担的效果如何评定缺乏一个明确的范围和标准。

2. 监督机制不健全

市场经济下难免出现企业不择手段追求利润最大化的现象，对员工、环境、社会公众等各种利益相关者的利益造成了危害。毒奶粉事件、吉林化工污染松花江事件的重复发生，让我们不难看出现阶段政府在监督上存在的缺位现象。部分地方政府官员片面追求GDP目标，对于社会责任理解不够透彻，认为企业承担社会责任确实会增加其生产成本，不利于企业获取利润，从而有损于当地政府的税收，因此与企业形成利益共同体，对于企业不履行社会责任的现象视而不见；部分地方政府官员则片面理解“服务型社会”的概念，在放宽管理的同时，放松审批，放松对当地企业的管制，监督力度薄弱。根据广东省社会科学院“SA8000与企业社会责任”课题组的调查，很多地方政府官员对企业社会责任问题了解甚少，或者根本没有概念，对其中的利害关系也没有清醒的认识，对企业里存在的很多情况也并不了解。政府管理部门普遍只重视企业的利润和税收，而对企业守法行为的监督力度不够。地方政府之所以这样，与地方政府的GDP目标和目前所倡导的服务型政府的定位有关。企业是发展地方经济的主体，也是地方政府服务的主要对象，地方政府仅仅看到了与企业目前经济利益的关系，而没有以发展的眼光来看待，所以对企业放任自流。例如，为促进当地经济发展，政府提出建立工业区，形成产业集聚，大力招商引资，放松审批，以园区建设为保护伞，甚至规定某些企业免于监察，或者睁一只眼闭一只眼，环保测评以走形式为主，部门企业以各种明的暗的方式排放工业废弃物。这种现象在国内并不少见。2009年10月14日，摄影家卢广凭借“关注中国污染”专题，获得尤金·史密斯人道主义摄影奖，其中有几幅图拍的是江苏省的，如：2008年4月28日，在江苏黄海海岸线上，无数的污水管道埋在海滩上，甚至延伸进深海；2009年5月15日，江苏泰兴化工园区的化工废料堆放在长江堤上；2009年6月10日，镇江市钛粉厂大量的化工污水被排放到长江，下游不到1000米处是丹阳市自来水取水处；2009年6月11日，江苏省常熟市氟化学工业园污水处理厂负责收集处理各化工厂的污水，但其并没有处理污水，通过管道从长江底延伸1500米排放污水。调查发现，特别在苏北地区，在无工不富思想的指导下，几乎每个地方都在提工业强市、工业富县的目标，并以此作为考核干部的重要指标，随着任务的层层分解，一些完全不具备条件的乡镇也纷纷上马搞工业区(园),高能耗、高排放、高污染企业长驱直入。

3. 激励机制欠缺

企业履行社会责任在现阶段显而易见地会增加其运营的成本,如果没有强大的动力机制,企业是不会积极主动地承担社会责任的。目前,在我国政府的主导作用下,企业并没有完全主动地加入社会责任履行的队伍中,因此政府缺位的表现之一就是激励机制尚不够健全。首先,以惩罚和约束为主。例如,在企业参与慈善方面,当企业采用非现金形式捐赠时,就会受到税收制度的限制,需要缴纳相应的税收。其次,在激励机制方面,激励宣传力度不大,主要依靠媒体加以舆论上的宣传,对于企业社会责任履行贡献较大的企业在资金、项目等方面的奖赏力度还不够大。

4. 政策导向不明晰

据调查,具有大量国际业务的民营企业对于社会责任的认识是很高的。从这一项调查结果可以看出,企业履责主要是市场导向,而非政府导向。这也反映出我国政府在扮演引导者角色上的缺位,主要表现在政府关于企业社会责任的导向不明晰,各种"先污染后治理""先引进再监管"的现象屡见不鲜,公众对于企业社会责任的理解就是捐赠,企业则认为照章纳税就是履行社会责任,错误观念丛生,其根源就在于政策导向不明晰。

二、企业角色的缺位

企业对自己利益的追求既包括对企业个别利益的追求,也包括对公共利益的追求,它们都是企业现实利益的有机组成部分。企业在追求自己利益的过程中不仅对自己的特殊利益负责,同样也对自己的公共利益负责,这是企业社会责任的直接的存在论基础。然而,企业社会责任缺失的关键原因在于企业的缺位。

企业缺位存在广义和狭义之分。广义的企业缺位是指企业这个组织群体忽略道德法则和规范,过度追求利润,危害利益相关者利益的行为。狭义的企业缺位是指企业在生产运营过程中,其内部责任主体以企业利益为最终目标,忽略甚至不遵守道德法则和规范,造成企业整体不履行社会责任的一种道德缺失的现象。它是企业社会责任缺失的最根源性的原因。应当说,企业履行社会责任不仅要依靠外部力量的推动,更重要的是依靠其自身成员的伦理自觉。本书主要从狭义的观点出发,分析企业在运行过程中内部责任主体责任缺失对企业社会责任承担造成的影响。

(一) 企业内部责任主体缺失

企业社会责任缺失最关键的一个原因在于内部责任群体的责任缺失。企业内部责任群体主要是指那些具有主观能动性的行为主体，即对企业的人、财、物具有一定影响力的人。其伦理原则和道德规范的建立直接关系到企业能否主动承担社会责任。

1. 企业家

企业家是企业的核心。企业家的核心职能是创新，是把各种资源按一定的方式组织起来，按一定的方式运转，从而产生一定的价值增值。随着社会分工的不断深化，企业家作为企业的经营者逐渐与职业经理人分离，企业家的理念直接关系到企业运营的最终方向。因而，企业家能否具备社会责任意识是决定该企业最终是否主动承担社会责任的核心因素。“企业家的社会责任多是自发的，是社会伦理道德在商业行为中的折射和反映，是企业家意识到自己和社会的关系后自发的道德自律。它体现的是企业家自身的人文素质和价值观念，是一种自我承担的自愿行为，是企业家的一种精神信仰，认为企业在赚取利润的同时，也应回报社会和公众。”因此，作为企业的创始人或一把手的企业家的理想，某种程度上会成为企业的理想，企业家的道德标准会成为企业的道德标准，直接影响到企业社会责任意识的强弱。

2. 企业经理

企业经理，即职业经理人。区别于企业家，企业经理人在企业生产运营过程中主要承担着管理、决策和危机处理等关键性的职能，并且职能重点在于管理，其自身的道德素质、管理理念对企业的兴衰成败有着重大影响，直接关系到企业是否能够主动承担社会责任。从决策角度来看，企业经理人是否具有长远的眼光以及对企业社会责任的正确认识，直接关系到该企业是否能够重视社会责任的履行。社会责任的履行最终只有融入企业发展战略中才能真正成为企业获取长远利益的重要条件，而企业经理人的决策就决定了企业社会责任履行这一步骤能否列入企业发展战略中。从管理视角来看，企业经理人能否通过良好的管理培养企业员工的整体社会责任意识，能否在工作中贯穿这一理念，直接关系到企业最终能否在实际行动中体现主动承担社会责任的意志。

3. 企业员工

企业的员工是企业的生命和血液，是企业生产经营活动的重要主体，他们的道德状况更为直接地对企业的发展起作用。在企业社会责任的构建过程中，企业家、企业经理等高级管理层人员的职责在于增强自身的企业社会责任意识，引导企业将主动承担社会责任融入发展战略中来，而企业的一般性员工在这一过程中，主要负责遵守企业规章制度，以良好的道德素质配合企业完成履行社会责任的相关性工作。一个好的企业，一个好的项目都是依靠团体的力量，在配合过程中逐步形成的，因此，企业社会责任履行过程中有赖于企业员工的良好配合，这样才能最终实现主动履行社会责任，提高自身竞争力的目标。

（二）企业缺位的表现

1. 企业家错位

企业家的特殊地位使其往往能够决定企业的发展方向，也能够助推严重违法违规现象，且一般都具有欺骗性和隐蔽性，给利益相关者的利益带来严重的危害。在中国目前的现实条件下，企业家对社会责任的认知水平和认知程度直接决定企业家履行社会责任的行为。企业家的思维和行为决定整个企业履行社会责任的状况，大量的实证调查表明，由于个人主义、利己主义、投机基本定向的蔓延，企业领导的伦理标准从总体上来说是消极的。机会主义定向模式有四种表现形式，第一种是“自我中心化”倾向，即以自身利益为中心；第二种是“成功就需付出代价”，要想成功，就要不择手段；第三种是“高度的物质享乐主义”倾向；第四种是“道德是纯粹的情感表达”，很多企业家把伦理视作一个主观的、个人的和独白的问题。出于这种机会主义定向是大部分企业做出非伦理行为的主要原因之一。主要表现在以下几个方面：① 所创企业高耗能、高污染，违背可持续发展的要求，以破坏生态环境为代价追求利润最大化，提高企业效益。例如，渤海沿岸的水质污染事件，主要是由于沿岸200多个排污口日夜不停地排放污水，导致重金属超标。② 企业生产的产品质量低劣，以忽视消费者利益为代价牟取自身发展。例如，近年来三聚氰胺、苏丹红、瘦肉精等有害食品添加剂的出现，都是商家为追求利益最大化，昧着良心赚取暴利的结果。③ 在基本工资上调之初，企业为降低劳动力成本，不断拆招，想尽办法在不违反国家法律法规的前提下，钻空子、想法子，以变相的工资发放形式降低员工收入，牟取高利润。

2. 企业经理错位

企业经理作为企业的决策者和管理者,一般情况下都具有先进的管理理念和较强的道德素质,能够引导企业员工共同为实现利益最大化而努力,能够正确理解承担社会责任的利弊。但是,有部分中小企业的经理在管理过程中存在不同程度的伦理道德缺失的问题。主要表现在:① 存在腐败行为。部分企业的经理在企业内部收受贿赂,损公肥私;部分经理能够重视企业自身发展,却通过向政府官员个人提供贿赂以获得有利于自身发展的政策优惠,使自己所在企业免于承担社会责任。② 侵犯雇员权利。经理人在管理过程中以企业利润最大化为根本目标,目标短浅,重视眼前利益,无视职工权利和人身利益,克扣工资、不安全生产甚至侮辱职工的人格。③ 管理理念偏误。部分经理人自身社会责任意识薄弱,忽视对员工的社会责任意识培育,在实际操作过程中,设立管理目标时忽视社会责任的承担。

3. 企业员工错位

作为企业主人翁的员工,虽然在企业实际运营过程中自身利益容易受到企业管理者的损害,我们提倡企业有必要对员工的利益进行维护,但是,放大到整个社会来看,企业员工作为企业的一部分,也存在着一定的社会责任,影响到企业社会责任的履行。企业员工的责任缺失主要表现在:① 个人主义盛行。员工以追求自身快乐为工作的主要目标,往往不能够真正融入企业的整体文化氛围中,为企业发展着想,尤其是跳槽现象的频发,使员工集体主义意识薄弱,不能够很好地配合企业管理层做好履行社会责任的事项。② 职业道德缺失。实际工作中,不注重自身道德修养,作为个体行动者,出现违反公司规定甚至是国家法律规定的事项,因个人行为危害公众或消费者利益,导致公司名誉受损,阻碍公司正常发展。

三、社会角色的缺位

承担社会责任需要自律,但是在现实环境下,企业履行社会责任还需要他律机制,不仅需要政府的主导,还需要社会的推动。西方国家多数企业能够自觉履行社会责任的关键在于存在着一个成熟的“公民社会”组织,能够从社会层面营造良好的企业社会责任履行的社会监督环境,为企业自觉履行社会责任提供支持。而我国社会还没有形成一种强大的力量来推进企业履行社会责任,不少企业利用这些漏洞投机钻营,所获得的利益远远超过履行社会责任的企业。因此，在社会转型时期企业履行社会责任的权利困境存在的一个至关重要的因素就是社会的缺位。这里的社会主要是指政府、企业之外的组织。

（一）社会在企业社会责任构建中的角色定位

根据利益相关者的叙述，社会中对企业履行社会责任具有影响力的个体或群体主要有行业组织、社区、公众、媒体等，这些处于社会中的利益相关者在企业社会责任构建中扮演着关键性的角色。而这些角色能否合理定位，是否能够扮演相应的角色，又直接关系到企业能否主动承担社会责任。

1. 监督者

企业社会责任的对象是公共利益，而社会是公共利益的承载主体，因此企业社会责任运动的展开需要得到全社会的支持与关注。企业社会责任的内容多样化，且不同的行业又具有不同的内容，这就要求法律监督、舆论监督、公众监督共同开展，以营造一种多层次、多渠道、全方位的监督氛围。政府监督的力量是有限的，毕竟政府监督机构及人员配备不足以监督所有企业履行社会责任，而作为利益相关者的社会群体，愿意且能够从舆论、公众监督等方面对企业履行社会责任加以监督。诸如消费者协会、工会、媒体等社会团体对于企业履行社会责任的监督能够给企业施加来自社会各方面的压力，以有效地促使企业自觉履行社会责任，增强企业社会责任意识。

2. 评价者

企业是面向社会进行生产运营的组织，其社会责任意识的高低直接关系到社会各类群体或组织的切身利益，因此，作为利益相关者的社会群体是最有资格评价企业社会责任履行状况的主体之一。社会群体评估者的角色可以从企业自身寻求相关性因素。首先，企业的外部性需要社会的评价。企业生产运作过程中自身的逐利行为会对组织外的其他团体或组织甚至个人产生一定的正面效应或负面效应，而这些外部性效应的大小程度无法测量，只有依赖社会团体加以评价。尤其是企业承担或逃避社会责任对社会造成的正面或负面效应，特别需要社会团体辅助政府组织加以衡量。其次，企业的发展需要营造良好的声誉。良好的声誉是企业提高自身竞争力的关键性工具。而承担社会责任能够在一定程度上获得良好的声誉，即社会的好评。例如，企业诚信生产和销售高质量产品，给予消费者以信赖感，就能够在消费者的好评之下建立更为坚固的品牌效应，提升竞争力。

3. 支持者

首先，提供承担社会责任的平台。企业社会责任的履行往往体现在多个方面，企业要履行社会责任，往往需要一定的平台，即需要一定的组织具体施行。例如，企业参与慈善事业，光是企业愿意捐赠、愿意提供资金是不够的。具体的资助对象是谁？资助款的去向如何？这些都是企业所关心的，也是企业履行社会责任需要落实的条件。因而，一些慈善机构或志愿者组织都是必要的平台。其次，提供相关责任的专门性服务，主要包括技术服务、专业咨询服务等。例如，企业在生产运营过程中，积极响应国家节能减排、建设可持续发展社会的号召，寻求技术改进策略，与此同时，相关的行业协会就能够组织专家团队，给予企业以技术服务，甚至商会在看好该企业发展前景的同时，提供资助基金。

（二）社会缺位的表现

1. 缺少一个强有力的公民社会组织

公民社会组织又称为“第三部门”，是各种非政府组织和非营利组织的总称。随着公民社会组织的日益发展，它们在社会管理中的作用也日趋重要起来。在企业社会责任构建中，公民社会组织能够通过提供大量志愿者活动的场所，协助企业承担社会责任。可以说，公民社会组织是各国推动企业社会责任发展的重要社会主体。与西方相比，我国的公民社会组织发育不够健全，存在各种问题，在企业社会责任构建过程中经常性地“缺位”。主要表现在以下几个方面：① 无法摆脱公共部门固有的禀性。决策和执行过程中过于保守、谨慎，不愿冒险，在企业社会责任履行过程中不敢监督、不全面监督，导致对企业的监督作用不够。② 缺乏独立自主性。在财政上主要依赖于政府，在监督、评价企业社会责任履行过程中受到政府的影响，容易与政府、企业相互交易。

2. 缺少一个有效的社会监督渠道

一个有效的社会监督渠道是推进企业履责的重要力量，也是引导企业树立正确社会责任理念的关键性手段。然而，社会监督渠道并不如我们想象的那么有效。一方面，媒体监督不到位。江泽民同志曾说过：“舆论导向正确，是党和人民之福；舆论导向错误，是党和人民之祸。”也就是说，舆论起着导向的作用。然而，现有的媒体往往与当地政府关系紧密，代表政府的言论，对于一些社会责任承担不力的现象避而不谈，负责报道正面新闻。另一方面，媒体的报道缺乏连续性，当发现企业社会责任意识缺乏时，虽然媒体大多能够及时加以报道，但是事后的跟踪调查不够充分。

3. 社会维权意识薄弱

首先，企业内部员工维权意识薄弱。尤其是在一些劳动密集型企业，部分员工由于文化水平低，缺乏法律常识和自我保护意识。例如，企业提出变相的工资待遇，不帮助缴纳五险一金，随意克扣工资等违法行为，员工并不能察觉，甚至发现之后不知道通过法律渠道维权，或者没有维权意识，唯唯诺诺，忍气吞声。这样一来就放纵了企业不履责的行为。其次，社会公众的维权意识薄弱。这一点可以从消费者身上明显体现出来。近年来，黑心厂家为追求利润，不惜牺牲消费者权益，生产劣质产品。但是，在生活中我们经常能够发现消费者个人买到劣质产品之后，往往不懂得如何去维护自己的权益而选择息事宁人。就算有想要维权的，也是以个人行动为主，不知道利用社会的力量。因而，消费者法律常识不够，维权意识不强是导致劣质产品继续流通的一个重要原因。另外，维权一般以个人行动为主，力量薄弱，无法对企业形成强有力的压力，也从另一个角度放纵了企业伦理道德缺失行为。

第八章　企业社会责任的伦理之维

企业与社会的关系如同自然人与社会的关系一样，都体现为双方之间的一种权利和义务关系。企业被赋予一定的权利，使其可以从社会中汲取发展所需要的人力、物力和财力等各类资源，同时企业也必须对社会履行相应的义务或责任，达成权利与义务的平衡关系，从而实现企业个体行为的公正。企业作为社会中的一个重要群体，其自身的公正极大程度地影响着社会公正。而长期以来"股东利益最大化"的理念使企业在发展过程中单纯追求利润增长，滥用自身权利，甚至不惜牺牲社会其他群体的利益。为了追求利润增长而破坏生态平衡、侵犯主体权利、践踏制度文明的企业行为使"股东利益最大化"的理念遭受了空前的压力与挑战。企业是存在于社会中的一个权利与义务主体，只有当企业所享有和行使的权利与其所负有和承担的义务相等时，才是公正的。但对于单纯追求利润的企业而言，它所享有的权利远多于它所履行的义务，这是一种不公正的状态。企业社会责任作为纠正企业单纯追求利润的良方应运而生，企业社会责任强调了企业对社会应尽的义务与责任。企业履行社会责任是对不公正状态的弥补，从而达成权利与义务的协调平衡。同时，公正的社会环境也是企业履行社会责任的重要保障，任何"善行"的实现并不能完全依赖于行为人的道德觉悟的提高，企业履行社会责任也是同样的道理，仅仅以维护社会公正之名来要求企业履行社会责任会显得苍白无力，唯有在全社会营造一种公正的社会氛围，对积极履责的企业给予相应的激励，对损害社会利益、不承担责任的企业给予相应的惩戒，才能保证企业积极地履行社会责任。另外，公正所强调的是各方的权利与义务的平衡，企业履行社会责任是对社会所损失的那部分权利的弥补，是对社会权利的保障，相应地，企业权利也应该得到保障，也就是说企业对社会的弥补并不是完全没有限度的，企业履行社会责任的限度是以企业的权利与义务平衡为基础的，这是社会公正的另一种体现。所以我们极为强调社会公正对于企业履行社会责任的重要性，只有秉持社会公正的理念并在全社会营造公正的氛围，才能使企业积极履行社会责任。

第一节　社会公正理论阐述

21世纪以来，社会公正问题已成为全社会关注的热点问题。改革开放以来中国经济取得了长足的发展，取得了举世公认的成就，但是同经济发展相比，社会发展明显滞后，社会公正问题已经成为一个影响中国社会经济发展全局的大问题。同时，改革开放以来，中国社会的利益群体不断分化，社会阶层越来越多样化，人民群众的利益诉求也更加多样化，因此对公正的游戏规则更为期望，社会公正成为绝大多数人的关注焦点。社会公正蕴含着平等的要求，社会公正应该是社会角色及其权利和义务的分配公平。只有平等地分配社会角色及其权利和义务，使每一个社会成员都能平等地享有权利和履行义务，才会有真正意义上的社会公正。平等所强调的是权利与义务的均等，而公正突出的则是均衡和合理。吴忠民教授认为，公正是一个社会的基本价值取向，侧重的是社会的基本价值，具有应然的目的价值，另外，公正所涉及的范围要更为宽泛一些，指向社会的方方面面。

一、社会公正的三大流派

曾有国外学者认为，西方的伦理学史就是一部公正思想史。[1] 事实上，对于公正的追求不仅贯穿西方的伦理学史，更是贯穿了人类社会的发展进程。不公正是原生的，公正是次生的，公正的思想与实践来源于对社会不公正的认知程度，正是基于这种对社会不公正的认知而引发的对社会现实的矫正与逐步克服行为推动着人类社会文明不断演进。而对于社会公正的追求过程，也是一个人类理性由不成熟逐步走向成熟的过程以及人类由不自觉逐步走向自觉的过程。

对于社会公正的追求，人类首先要解决的问题是什么是社会公正。在人

---

〔1〕 孟庆时.《西方社会公正思想》(英文版)感言[J].道德与文明,2001(5):57－62.

类历史发展的不同阶段，在不同的社会情境中，公正也有着不同的含义。公正思想的发展历程大致经历了这样几个阶段：古希腊的德性论公正思想，中世纪的神学公正思想，近代的功利论和道义论公正思想以及当代的权利平等思想。

（一）古希腊的德性论公正思想

在苏格拉底看来，公正与其他美德一样，都是智慧的折射，它与其他一切以美德为基础的行为都是美好的，懂得这些行为依据所在的人们就不愿意用其他行为来代替这种行为。[1] 柏拉图在苏格拉底公正思想的基础上将其发展成了较为系统的德性公正论。一部《理想国》就是一部正义史，在柏拉图看来，社会正义就是每个人都只做适合他本性的事情，他试图构建一个权利与能力相当的金字塔，每个人从事着他最能胜任的工作，这意味着高等工作与高等能力相符，中等工作与中等能力相符，一个人在社会中所处的位置差别是以禀赋差别为基础的。由此，柏拉图所谓的正义就是国家各阶级与其职能的和谐相处。在此基础上，柏拉图进一步阐述了个人公正与社会公正之别，他认为，个人公正就是在智慧的引领下，使人的灵魂的各个组成部分各司其职，各自做好自己分内的事，而社会公正就是组成国家的各个阶级按照自己的职能各尽其职。而在亚里士多德看来，“正义包含两个因素——事物和应该接受事物的人：大家认为相等的人就该配给到相等的事物”[2]，这就是他的分配公正思想，分配公正要求每个人按照自身的价值来进行分配，每个人各取所值，但是各个不同的人对价值的认同并不相同。基于价值认知上的不同，亚里士多德接下来提出了他的法律公正思想，他支持法律上的裁判公正，他认为法律通过裁断可以纠正现实世界中的不公正，可以使世界趋于均等。[3]

（二）神学公正思想和近代的功利主义、道义论公正思想

衔接古希腊公正思想与近代的功利主义和道义论的是中世纪的神学公正思想，这一时期，哲学成为神学的婢女，而所谓的公正思想也逐步丧失理性色彩，披上了神学外衣，因此这一时期的神学代表们认为个人公正就是要归顺上帝，人人尽其天职。

到了18世纪末19世纪初，功利主义思想开始崭露头角，在功利主义者看来，公正与权利有着极为密切的关系。大卫·休谟认为公正是一种尊重财产

---

〔1〕 吕艳红.西方社会公正思想简评[J].理论与现代化，2009(4)：36－38.

〔2〕 杨义芹.公正视角下的权利和义务关系[J].伦理学研究，2010(7)：16－21.

〔3〕 吕艳红.西方社会公正思想简评[J].理论与现代化，2009(4)：36－38.

权的人为美德，它是物质利益据以归属具体个人的惯例，而公正美德就在于尊重这一归属，绝不侵占别人的东西。〔1〕功利主义大师密尔大部分继承了休谟的思想，他详细论证了公正与权利的关系并认为公正问题与个人权利相关，如何保护个人权利在他看来也就是如何实现公正的问题。穆勒给公正下了个更为精辟的定义："公道观念的精义观念，即个人权利的观念。"〔2〕但是功利主义只关心能产生最大满足的分配，而不关心满足的总量如何进行分配，因而它容许在最大利益的前提下对部分人的平等自由权的侵犯。

而在道义论倡导者康德看来，每个人都有追求自由的权利，但每个人在对自身目标的追求的过程中可能会与他们的目标发生冲突，这时就需要法律出场来调节人们之间的行为和关系，而法律是与强制相联系的。在康德看来，强制是维护每个社会个体自由和社会公正必不可少的条件，强制具有正当性。〔3〕虽然功利主义与道义论思想存在着截然不同之处，但它们都承认公正与权利相关。

（三）当代的权利平等思想

罗尔斯在其巨著《正义论》中阐述了其正义观，即"所有的社会价值——自由和机会、收入和财富、自尊的基础——都要平等地分配，除非对其中一种或所有价值的不平等分配合乎每一个人的利益"。他的正义观包含了两大原则，即平等自由的原则和差别原则。所谓平等自由原则是指"每个人对与所有人所拥有的最广泛平等的基本自由体系相容的类似自由体系都应有一种平等的权利"。而差别原则的提出是为了纠正事实上存在着的原初状态上的不平等，它要求"社会和经济的不平等应该这样安排，使它们在与正义的存储原则一致的情况下，适合于最少受惠者的最大利益"。即他认为社会上事实上存在着机会与自然禀赋都不相同的精英群体与困难群体，并且这种差异是从一出生就自然存在的，因此需要运用形式与内容上不平等的差别原则来实现事实上的平等。罗尔斯的平等自由原则与差别原则分别应用于公民基本权利和义务分配以及社会基本结构安排的不同方面。第一个原则适用于公民的基本自由部分，如公民思想、良心的自由以及言论集会的自由，这对每一个人而言应该都是相等的，不因身份地位之别而有差异。而第二个原则适用于收入与财富的

〔1〕 程立显．大卫·休谟论公正[J]．道德与文明，2000(5)：35－37．

〔2〕 杨义芹．公正视角下的权利和义务关系[J]．伦理学研究，2010(7)：16－19．

〔3〕 吕艳红．西方社会公正思想简评[J]．理论与现代化，2009(4)：36－38．

分配方面。当然，对于所有这一切，罗尔斯所要追求的最终结果也就是结果的公正。不可否认，罗尔斯的正义论思想带着强烈的理想主义色彩，他对正义问题的论述极为有力，但是他所提出的方案显得有些软弱无力，他意图通过“再分配”来实现平等，但这使判断分配是否有道德上的根据成了一大难题。罗尔斯对正义的首肯得到了其同事诺齐克的赞同，但是诺齐克显然并不认为正义在于平等，相反，他主张正义在于神圣不可侵犯的权利。他认为不是所有的不平等都是能够得以解决的，不平等并不意味着不公正，而平等也绝非总是公正的。因此，对于诺齐克而言，如果一个人的权利的获得是正当的、符合他所谓的“获取原则”与“转让原则”的，那么他对这项权利的持有就是正义的。因此对于诺齐克而言，正义与平等无关，纠正不平等是好事，但不得侵犯任何个人的权利。

西方社会对于公正的认识随着历史的演进逐步深入，公正的概念被逐步具体化。但几乎从古至今所有的伦理学家在论述公正时都在宣扬一个简单而深刻的道理：公正就是各得其所或得其应得，而这个“应得”就可以抽象为每个人的权利公正与权利相关。但权利并未构成公正的全部内容，按照马克思的理论，“没有无义务的权利，也没有无权利的义务”，每个人除了得其所应得之外还应该尽其所应尽的职责，这就是义务。

二、社会公正的伦理价值

从历代思想家关于公正的论述中可以看出，公正是与权利和义务紧密相关的概念，公正问题与权利和义务必然相关，甚至可以说权利和义务是社会公正的根本问题。所谓权利，是指应该受到权力保障的利益、索取和要求，它是一种被认为具有重大社会效用的必须而且应该的索取或要求；相反，所谓义务，则是指应受到权力保障的服务、贡献或付出。因此，权利和义务分属于“索取”和“贡献”的范畴。[1] 而权利是在一个集团内被所有成员或者至少是大多数成员所认可的具有合法性的一种力量，它是一种政治、法律和道德的复合现象。

权利与义务是公正必不可少的内容，权利与义务的关系构成了讨论社会公正的基础。无论何种性质的权利义务关系最终都可归结为两种相关性：逻

〔1〕 王海明.论权利和义务的关系[J].伦理学研究，2005(6)：5—12.

辑相关性和道德相关性。所谓逻辑相关性，简单来说就是一个人的权利必然与他人的义务相关，一部分人享有一定的权利，必然就有一部分人通过履行义务来为前者提供相应的权利，这种相关性是客观存在的、必然的、事实的相关，但这种权利与义务都是法律所指向的必须要存在的利益。而例如施行慈善、仁爱、捐赠就不属于我们的义务范畴，因为没有相应的权利与其对应，我们施行慈善、仁爱以及捐赠，并不代表被施行者就有享受这些仁爱、慈善和捐赠的权利，因而施行慈善和仁爱也不构成义务，引用罗尔斯的观点，这些只是一种“份外行善”[1]。权利和义务的这种逻辑相关关系所要表明的是一个人的权利必然与他人的义务相对应，这两者必然并且事实上是同时存在的。

权利与义务的道德相关性是由逻辑相关性推导出来的。一个人享有权利，则必然使社会中的他人负担相应的义务，这是客观存在着的事实。但这只具有必然性，并不具有应然性，一个人为什么应该负担相应的义务而让他人享有权利呢？这种关系的应然性只能来自于他人也履行了相应的义务而让前者享有了一定的权利。因此，一个人负担的义务是对他享有的权利的交换，相应地，一个人所享有的权利也只能用他从对方那里承担的义务来交换。从权利和义务的道德相关性上来辨析企业的社会责任，则是企业具有履行社会责任的相应义务，社会给予了企业发展所需要的各类资源，社会对企业履行了一定的义务，相应地，企业需要通过履行社会责任等举措来回报社会的给予，企业推卸社会责任就会出现权利与义务不相等的不公正现象。

无论是权利与义务的何种相关性，最终要说明的问题都是权利必然与义务相关联，不存在无权利的义务，也不存在无义务的权利，对一个社会公正与否的判断最终也建立在这两者之间的交换关系上。权利与义务的道德相关性构成了讨论社会公正根本原则的基础。

1. 社会制度公正的根本原则：个人所享有的权利和所负有的义务相等[2]

个人所享有的权利和负有的义务与个人所行使的权利和履行的义务是不相同的，前者关涉的是社会制度的公正，后者是个人自主行为的结果，关涉的是个体行为的公正。而社会制度的安排显然比个人行为的选择更需要遵从公

---

〔1〕 王海明. 论权利和义务的关系[J]. 伦理学研究，2005(6)：5—12.
〔2〕 王海明. 论权利和义务的关系[J]. 伦理学研究，2005(6)：5—12.

正理念，社会制度的公正简称为社会公正，它是以社会（或以社会面目出现的国家政权机关、执政党、社会团体等）为道德主体的道德公正[1]，是与个人公正相对应的一个概念。社会分配的公正性体现在个人所享有的权利与个人所履行的义务相等，正如黑格尔所言：一个人负有多少义务，就享有多少权利；他享有多少权利就负有多少义务。[2] 如果当一个人所被赋予的权利多于其负有的义务，那就意味着他受法律保障的索取多于他受法律保障的付出，根据权利与道德的逻辑关系，别人因他而付出的义务就大于别人因他而享有的权利，这是对别人权益的一种剥夺；反之，如果一个人所享有的权利少于其所履行的义务，那就意味着别人因他而履行的义务少于因他而享有的权利，这是别人对他的权益的一种强行占有，从道义上来讲也是一种不公正的状态。这两种状态虽然都是不公正的，但都是合法的，因为这是由制度不公所造成的，所以相应地具有合法性。这种现象是值得一个社会警惕的，它通过社会分配把道义上甚至法理上不合理的事物进行了合法化的处理。回到我们所要讨论的企业社会责任这个主题，在现实中事实上也存在着上述的不公平却合法的现象，例如大型国有企业与外资企业在过去很长的一段时间内享有国家政策所赋予的在融资、税收等方面的很多优惠，即“权利”，这些优惠是其他民营中小企业所难以企及的，但是这类企业并没有相应地多履行一定的义务。

2. 个体公正的根本原则：个人行使的权利至多和履行的义务相等[3]

相对于社会公正，个体公正强调的是作为社会中的个体能够遵纪守法，服从道德，它关涉的是在进行人际交往时个体能否正确行使其所被赋予的权利与义务，不刻意侵占他人权利，维系个体与个体交往之间的平等关系。在个体公正下，个人行使的权利与履行的义务不同于在社会公正下我们所讲的个人所享有的权利和负有的义务。后者是由社会分配所造成的，因而对于个人来讲不具有可选择性，但是个人行使的权利和履行的义务是在社会分配的前提下个人自主选择的结果。个人行使的权利与履行的义务也存在着三种关系。第一，个人行使的权利多于其履行的义务。形成这种情况有两种原因：一是因为社会本身分配给个人的权利就多于其义务；二是在社会分配等量的情况下，

〔1〕 程立显.社会公正·经济公正·企业公正[J].海南大学学报(社会科学版)，1998(9)：37－41.

〔2〕 王海明.论权利和义务的关系[J].伦理学研究，2005(6)：5－12.

〔3〕 王海明.论权利和义务的关系[J].伦理学研究，2005(6)：5－12.

个人自主行使的权利多于其义务。不管出于何种原因，这两类都是不公正的，然而，第一种虽然不公正但确实是合法的，第二种既是有违公正原则的，也是不合法的，是个人滥用、僭越权利或不履行一些义务所致，是个人对他人权益的一种侵犯与剥夺。第二，个人行使的权利少于其履行的义务。同样也存在两方面的原因导致这种情况发生。当社会分配给个人的权利少于其义务时，就意味着个人的权利被他人侵犯，他遭受着不公正的对待，因而也是属于不公正的范畴；当社会分配是公正的时候，个人所行使的权利少于其所履行的义务，这是个人主动让渡一部分权利给他人造成的，这是一种公正的甚至是超越公正的行为，是一种"份外善行"。第三，个人行使的权利与其履行的义务完全相等，这意味着不仅社会的分配是平等的，而且个人自主行为的结果也是平等的，既是一种社会公正，也是一种个人公正，因而肯定是属于公正范畴的。因此，个人公正包含两种情况，即在社会分配公正的前提下，个人所享有的权利少于或者等于个人所履行的义务，也就是个人的权利至多与其义务相等。

在下文我们所谈到的社会公正是一个大的范畴，它既包括我们上述所说的社会公正，即社会制度的公正，也包括个人公正，即个人对权利与义务自主选择的结果的公正。我们将从权利与义务的交换关系上来辨析为什么从社会公正的角度来讲企业需要履行社会责任，以及公正的社会环境怎样来保证企业积极地履行社会责任。

第二节　社会公正：企业社会责任的行为准则

企业社会责任是个体德性，是组织细胞；社会公正是总体德性，是系统环境。它们既有个体德性与总体德性之间的包容渗透，又有组织细胞和系统环境之间的共生互动。个体德性的实现体现了总体德性的要求，企业承担社会责任是源于社会公正的需要，是由于现实中企业所享有和行使的权利与其所负有和履行的义务不对等。[1]

一、责任主体的内在诉求

企业是否拥有相应的道德权利与道德义务，能否对自己的行为承担相应

〔1〕 李兰芬，倪黎. 企业社会责任与社会公正[J]. 道德与文明，2006(4)：49—54.

的后果，人们能否期望一个企业通过遵守法律和基本的公正原则来履行对社会的义务，对这些问题的回答都关乎一个问题：企业是不是社会中的一个道德主体，是否具有道德行为人的人格特征？因为只有当企业具有了相应的道德主体地位，它才能与社会中的其他道德人进行交往，才具有相应的道德权利与道德义务。只有建立在企业拥有道德人格这一理论基础上，我们才能对企业的行为进行公正与否的判断。

古典经济理论学家认为企业是一个无道德的纯粹性的功能性机构。例如自由经济理论家弗里德曼认为只有人才具有主体资格，企业作为一个整体，它不同于一般意义上的人，不可能像个体的人那样去为自己的行为及其后果承担责任，企业不同于人，它是“伦理中立”的。因为“经济人”假设认为一切从事经济活动的人都是从自利出发的并且追求利润的最大化，按照“经济人”的理性，企业的目的仅仅是保证所有者的利益最大化，不必考虑经营活动对其他人和对整个社会的影响。同时，经营活动是特殊的活动，与社会的伦理规范无关，不能以社会的伦理规范来评价经营活动，企业只关注客观事实，注重完成任务的技术效果，至于所采取的手段是否具有价值合理性、所得结果是否具有伦理公正性则都不是企业应该考虑的问题。

但是当我们回归企业组织本身，拨开笼罩在企业组织身上的虚幻面纱，深入分析企业组织的现实特征，我们可以发现，企业的道德主体地位是不容否认的。评价一个事物是否具有道德主体资格，我们通常从以下几个方面来进行，即是否具有理性、自为性以及关系性。所谓有理性是从道德主体的能力而言，即行为主体对其行为及其后果有非常清楚的意识，有较明确的目标，能进行合理决策；而自为性是指道德主体的行为决策与实施一定是出于自我的意志，不受其他主体的强迫；关系性是指道德主体总是处在一定的社会关系之中并受到这些关系的制约。[1] 判断企业是否具有道德人格，能否接受道德评价，我们也需要从上述三方面来分析。从理性方面来讲，企业内部拥有相应的决策机构，它可以为企业制定适宜的发展目标，根据所获得的信息制定出实施行为的计划与方案，内部决策机构的存在，使企业对其行为及其后果具备明确的意识；另一方面，市场机制授予了企业相应的主体地位，使企业可以在市场中自我决策、自主经营、自负盈亏、独立核算，企业的任何行为都是根据市场的变化

〔1〕 董军.企业的道德关涉及其社会责任[J].经济与社会发展，2008(10)：87－91.

而主动做出的，不受其他主体的左右，因此，它是一个自为性的主体；最后，企业的发展是处于一定的社会关系中的，企业的经营行为是企业与其他社会主体之间发生物质利益交换的过程，企业的存在依赖于这些社会关系的存在，因此，企业同时也是一个关系型主体。[1]

通过以上分析我们看出，企业拥有理性、自为性、关系性这三个判断是否具有道德主体资格的标准，因此，企业相应地拥有道德人格，能够接受相应的道德评价。但同时我们也要注意，企业毕竟不同于自然人，它不可能完全享有自然人所具有的道德权利，承担自然人所具有的道德义务，企业的道德人格是有限度的，因为它是为了某个特定目的——营利而成立起来的组织，但这并不妨碍我们对企业提出一定的道德要求，也不妨碍我们对其进行道德评价。确认企业拥有道德人格是我们工作的第一步，因为只有确认了企业道德行为人的身份，我们才具有对其进行道德评判的前提（包括关于公正的评判，即企业的行为是否符合社会公正的要求），并且也只有确认了企业的道德行为人身份，我们才能够期望它通过遵守法律和基本的公正原则来履行对社会的义务。

企业社会责任的一种理论假设企业社会责任行动的产生必须满足三个先决条件：其一，企业必须具备一种承担社会责任的可行能力；其二，社会具有鼓励企业努力承担社会责任的激励机制；其三，企业出于对某种超越性精神价值的维护和追求，自愿承担社会责任并积极捍卫和服从这一责任。其中"可行能力"构成企业履行社会责任的必要条件。[2] 正如德鲁克所言，企业首先是要做得好，然后才能做好事。一个企业如果承担了在经济上无力支持的社会责任，很快就会陷入困境，而这其实是最不负责的行为，企业最首要的社会责任就是把企业做好，为企业承担其他社会责任提供前提与基础。[3] 尊重企业的"可行能力"意味着必须尊重企业的发展规律，即便企业秉承这一种"先己后他"的发展逻辑，也有其合乎企业性质的积极意义。具体来说，尊重企业的"可行能力"必须考虑以下因素。

第一，成本效率因素。企业履行社会责任必然会使企业支付一定的成本，而要求企业超出其成本承受能力来履行社会责任是不现实的，这对企业来说也是超出其应尽义务之范围的。例如，新中国成立之初存在的"企业办社会"

〔1〕 董军.企业的道德关涉及其社会责任[J].经济与社会发展，2008(10)：87－91.

〔2〕 李兰芬.企业性质与企业社会责任[J].学海，2008(1)：174－180.

〔3〕 李兰芬，倪黎.企业社会责任与社会公正[J].道德与文明，2006(4)：49－52.

现象就是使企业过多地负担了本该由政府和社会承担的一系列责任。而这种不顾企业成本收益比，颠倒企业与社会职能的做法最终使企业背上了承重的负担，经济效益愈发低下。因此，在界定企业社会责任范围的时候必须要坚持社会公正的原则，本着对企业公平的态度，合理预设企业承担社会责任的期望值，减免超出企业成本承受范围的社会责任，从而使企业在市场竞争中能够轻装上阵。

第二，社会问题的复杂性因素。德鲁克认为如果某种社会问题牵涉的社会责任超乎企业的能力范围，则企业就有权利对履行该种社会责任说“不”。这一因素与上一种因素有着某种重合之处，企业致力于解决那些超乎企业能力的社会问题，其直接的后果就是导致企业的成本攀升，影响其对经济业务的投入，最终使企业的运营效率低下。这两类因素都是将企业与社会、政府的职能倒挂，企业被要求来解决原本属于政府或社会职能范围之内的问题。企业目前所履行的社会责任应主要集中在与企业密切相关并且在企业能力范围之内的社会问题上。

不考虑企业履责的上述限制性因素，不尊重企业的“可行能力”，或不营造有利于企业的生存环境，只从纯粹的道义角度强调企业应该及如何承担社会责任，结果只会导致要么社会责任没有企业站出来承担，要么企业受外在于企业发展的社会责任之累而走向衰败。[1] 虽然企业接受了许多社会以极低的成本和代价供给的资源与权利，企业应该履行适当的社会责任来回应这种让渡与赠予，以使双方之间的权利与义务关系达到平衡，但是，如果社会对企业提出了远远超出企业能力与义务范围的社会责任，那么这也是一种对企业的不公正对待，是有违社会公正原则的行为。

社会期望企业履行社会责任时还应该避免“一刀切”的情况发生。企业在社会中有层次分野，在市场中有规模大小，在发展中经历着诞生、发展和成熟的生命周期。与企业层次、规模和生命周期的差异性相适应，企业社会责任将呈现出“功利、道义和人类福祉”等不同梯度、不同层次的道德境界。这种多梯度和多层次的道德境界既反映了企业发展阶段的过程性，更彰显了企业社会责任的层次结构性。[2] 这意味着对于不同的企业而言，具体应该履行哪些社

---

〔1〕 李兰芬. 企业性质与企业社会责任[J]. 学海，2008(1)：174－180.

〔2〕 李兰芬. 企业性质与企业社会责任[J]. 学海，2008(1)：174－180.

会责任则是不同的，履行的程度与多少是存在差别的，因为不同的企业从社会中接受的资源是不相等的。另外，每一个企业的发展程度与规模也是大相径庭的，如果我们迫使小企业承担与大企业相同的社会责任，则无异于加重了小企业的负担，使其在市场竞争中处于更加不利的地位，因此，不同的企业所要履行的社会责任是有差别的。这是社会公正的另一种体现，公正绝不是数量上的绝对平等，它在于成比例，即企业所履行的社会责任与这个企业的规模、能力等方面是成比例的。

企业社会责任履行的限度应该与企业的发展程度和规模大小成正比。

一个大企业与一个小企业相比，在履行企业社会责任方面更应该"身先士卒"，这主要有以下几个方面的原因。第一，大企业比小企业拥有更多的资源与能力，其实力要远比小企业雄厚得多，因此，一些超越小企业成本与能力承受范围的社会责任，就应该首先由有能力的大企业来承担。第二，大企业在发展过程中相对于小企业占据了更多的社会资源，社会以极低的成本向大企业转让了更多的资源与权利，按照权利与义务相对等的原理，大企业理应向社会履行更多的责任。正如我国的国有企业与民营企业，虽然两者在市场中拥有平等的主体地位，但国有企业由于出身优势，在资源获取上拥有更大的空间，其中最为典型的就是获取国家的资金支持。例如2008年下半年，政府为了应对金融危机和经济下滑，开始实行宽松的信贷政策，到2009年一季度贷款规模高达4万亿，但这4万亿中的大部分资金都流向了国有企业，中小企业仍然感受不到"阳光雨露"。[1] 因此，面对社会给予的极大的权利与资源，国有企业比民营中小企业更有义务在履行社会责任中发挥表率作用。第三，大企业比小企业拥有更广泛的社会影响力，它们的一举一动更容易受到社会的关注，其通过履行社会责任获得的工具性收益也更大。[2] 因此，从工具理性的角度考虑，大企业在履行社会责任过程中产生的社会影响要比小企业大得多，这也为大企业承担更多的社会责任提供了合理性。通过上面的分析，我们发现，大企业与小企业在应该承担的企业社会责任的限度上是不同的，这种不同不仅包括量上的不同，还包括程度的不同。

企业社会责任的限度与企业的性质与目标相关。

---

〔1〕 http://baike.baidu.com/view/2522166.htm.

〔2〕 李兰芬，倪黎.企业社会责任与社会公正[J].道德与文明，2006(4)：49－54.

企业按照性质与目标来进行划分可以分为国有企业以及非国有企业，这两类企业性质与目标的不同导致其应该履行的社会责任也存在很大差异。国有企业与一般企业不同，它不是一个单纯的经济组织，它是政府参与和干预经济的工具与手段，是政府针对出现或可能出现的市场失效问题而代表公众利益所采取的诸多政策举措中的一种，它与政府影响经济的其他手段一样，都是同质的制度安排。[1] 国有企业的这种性质决定了国有企业拥有双重目标：非经济目标与经济目标。实现国家的经济发展战略、平抑经济周期波动以及改变经济结构失衡的状况是国有企业的非经济目标，因为为了实现这些目标国有企业可能会以短期的不经济行为来达到在一个更为长远的时间段里国家和公众的大经济目标，这种经营目标与策略与一般的企业是不同的。当然一部分国有企业也拥有相应的经济目标，例如垄断性国企的存在在理论上就是为了缓解财政困境，缓解政府资金来源缺乏的窘境，其最终的目的也是为一国的经济服务，因此，国有企业的经济目标与一般企业的经济目标存在着极大的不同，对于一般企业而言，逐利是其天性，而国有企业的逐利行为最终还是为其非经济目标服务的。基于这两类企业性质与目标之间的巨大差异，对这两类企业的社会责任要求也应该是不同的。对于一般企业而言，其性质是追求经济目标的组织，这就使一般企业的社会责任中包含了追求经济目标的内容，经济目标是企业社会责任的主要内容，其他社会责任的履行都不可避免地要依附于企业经济目标的实现。而国有企业则不同，其最主要的社会责任就是作为国家代表公众利益参与经济和干预经济的有效手段而存在，其社会责任应该更多地着眼于非经济目标的实现。[2] 因此，在企业的经济责任这一方面，对不同类型的企业而言情况是不同的，作为国有企业尤其是那一部分主要以实现非经济目标而存在的国有企业，不应该像一般企业那样以实现经济目标的最大化为根本任务，而应该将更多的精力投放于稳定国家经济等更为重大的社会责任上来。通过上述分析，我们也可以发现企业社会责任的履行与企业的性质与目标同样存在着重大关系，到底履行哪些社会责任、重点履行哪方面的社会责任都因不同的企业性质与目标而有所差异，我们不能笼统地“一刀切”，这是对企业的不公正。

〔1〕 黄速建，余菁. 国有企业的性质、目标与社会责任[J]. 中国工业经济，2006(2)：68－77.

〔2〕 黄速建，余菁. 国有企业的性质、目标与社会责任[J]. 中国工业经济，2006(2)：68－77.

除了企业的发展程度、规模大小以及企业的性质与目标之外，我们在甄别企业社会责任的具体履责主体时还要考虑企业所处的社会环境等因素，例如同样的一条SA8000社会责任标准在具体推行过程中必须考虑不同企业受它们所在国家实际情况和民族文化背景的影响，不对企业主体做好甄别而一律强制的话，其结果只能是使这些标准沦为贸易保护的工具，进而造成更大的社会不公正。[1]

社会公正是蕴含在企业社会责任中的内在精神，也是企业社会责任的道德价值所在。社会公正要求社会各方的权利与义务相等，要求社会交换过程中的权利与义务相等。而企业与社会的关系就是一种交换关系，社会提供企业发展所需的各类资源，而企业按照等价交换的原则和向国家缴纳一定税收的形式来回报社会。但是，现在一部分企业无法恪守个体公正的根本原则，破坏等价交换规则，偷税漏税，从而破坏了企业与社会之间的权利与义务交换关系，使权利与义务之间原本应该有的平衡协调关系发生偏失。另外，虽然很多企业根据市场的等价交换机制来行事，积极向国家缴纳税款，也未必能保证企业与社会之间的权利与义务关系一定就是平衡的，因为社会公平包含着两个公平——个体公平和社会制度安排的公平。它们只是保证了个体公平的实现，而社会制度安排的公平仍然无法得到保证，虽然等价交换机制和缴税行为使社会制度安排的公平大体得到了保证，但是无法保证完全的公平，因为社会提供给企业的很多珍贵资源是无价的，是无法单纯用等价交换机制来衡量的，是社会以极低的价格让渡给企业的，因此企业必须在按照等价交换机制支付相应价格和税款之外再通过对社会履行相应的义务才能使两者之间的交换达到平衡。企业履行社会责任是对上述个体不公正和社会制度不公正的最好的弥补与修复，企业履行社会责任一个重要的方面就是守法，这可以修复企业的个体不公正，使其按着等价交换的规律在市场中行事，遵守市场规则和法律，正确行使所被赋予的权利和履行所负有的义务。同时，企业履行社会责任还是对社会制度安排不公正的修复，企业可以通过履行慈善责任等“份外行善”，回报社会低价让渡资源，这是对社会制度安排不公正的一种修复。基于社会公正的要求，企业需要履行社会责任，而企业履行社会责任同样也需要公正的社会环境作为保障，因为公正的社会环境会使企业的履责动机趋强，社会通过

〔1〕 李兰芬，倪黎. 企业社会责任与社会公正[J]. 道德与文明，2006(4)：49－54.

给予履责企业相应的激励，使履责企业满足自身的需求，从而使企业履行社会责任的动机更为强劲。同时，公正的社会环境还能使企业做出正确的行为选择。企业履行社会责任，更多的是希望能满足一定的经济和政治需求，而个体实现这些需求的行为可以是多样的，通过履行社会责任可以实现这些需求，在一个有失公正的社会里，企业通过各种违法的行为也能达成上述目的，因此一个公正的社会环境能使个体的行为决策指向正确的方向。社会公正要求企业履行一定的社会责任，企业社会责任的履行也需要公正的社会环境，同时企业履行社会责任的限度也需要社会公正来进行衡量。企业需要履行社会责任，但企业履行社会责任也是有一定限度的，这是社会对企业权利的承认。企业履行社会责任不仅与企业自身的发展程度、规模大小有关，还与企业的性质与目标相关。总体而言，企业履行多少社会责任，履行哪方面的社会责任，也应该遵从权利与义务相等的原则，即社会公正的原则。

二、制度完善的外在要求

不可否认的是，企业从诞生至今的几百年间，逐渐成为世界经济中的重要一极，它的力量日益壮大，其经济力量呈现越发强势的状态。据不完全统计，仅世界企业500强的财富就占整个世界财富的50%以上，部分跨国企业的实力更是可以和一些小国家的经济实力相提并论。我国现代企业制度的建立和不断完善也使企业规模能够得以不断扩大，部分具有大规模跨国经营特点的企业集团逐步增加，对我国国民经济的贡献力和影响力不断增强。而经济实力增强所带来的影响力能够辐射到社会生活的方方面面，例如一些大的企业集团能够利用自身的社会影响力来影响政府决策，参与政治活动。总的来说，现代企业在社会中已拥有相当大的权利，从社会中所有的企业组织，到一个行业，再到单个企业，甚至企业成员，都能对社会施加相当程度的影响。对整个社会而言，企业的影响渗透于社会生活的方方面面，小到个体的家庭生活、职业生活，大到社会的公共生活，企业的经营管理行为都会或深或浅、或直接或间接地影响着上述方面。

企业成为社会中的一个重要群体，企业在社会生活中的影响力大大增强也预示着企业的公正程度深刻影响着整个社会的公正与否。企业公正是社会公正、经济公正在企业活动中的体现，是以企业为行为主体的公正，或同企业有关的道德行为的公正。企业公正是在确认企业的权利和义务基础上建立起来的企业道德原则。[1] 企业的公正通过企业的经济活动渗透到社会生活的方方面面，一般人们将企业公正按照企业经济活动的性质分为外部公正与内部公正两个方面。所谓外部公正包括企业在与外界群体的交换活动中能遵循公正的规则，这里的“外界群体”既包括其他企业，也泛指政府、消费者和其他公众等利益相关者，企业的外部公正主要有守法公正、交易公正等方面。[2] 例如，企业按照法律规定照章纳税、不偷税漏税，在与其他市场主体进行交换活动时恪守等价交换等市场规则，保证公众免受污染以及对财产、健康和生命的其他威胁，这些都属于企业外部公正的范畴。相应地，企业的内部公正是企业对内的公正，主要是指在处理与员工关系时恪守公正原则，从微观层面来讲包括分配的公正与用人的公正。[3] 但是，总观当今的现实，无论是企业的外部公正还是内部公正，都并不尽如人意。从外部关系上来看，企业的守法公正让人不敢恭维，偷税漏税、违法经营的现象屡禁不止，同时，企业因自身的经营行为和产品质量对社会大众和消费者身体健康产生不良影响的现象也屡屡被媒体曝光。从内部关系上来讲，企业对其员工也没有履行好相应的义务，侵害员工权益、漠视员工生命安全的现象也时有发生。

企业的不公正行为对整个社会造成了负面影响，打破了整体的权利与义务关系平衡的格局。在社会这个整体中，如果每个个体都能够自觉遵守社会规范，正确行使法律与道德赋予的权利，履行相应的义务，则整个社会中的权利义务便处于一种平衡的状态，社会也是相对公正的。如果某个个体或一类群体打破这种平衡关系，整个社会就会陷入混乱和不公正的状态。如果这些规则破坏者不能及时纠正自己的行为或者法律与道德不能及时给予这类群体惩罚，则那些受害者也会竞相模仿这种行为，整个社会秩序就会处于更加混乱的状态，社会整体的权利义务关系也会趋于更加不平衡的状态。鉴于企业在社会中处于重要的一极，企业的公正对社会公正有着极大的影响，要实现社会公正，必须首先保证企业公正，而保证企业公正，在当下的一个重要方面就是要求企业能积极履行起相应的社会责任。

按照詹森和麦克林对企业的定义，企业是一种劳动所有者、物质投入和资

---

〔1〕 程立显.社会公正·经济公正·企业公正[J].海南大学学报社会科学版，1998(9)：37－41.
〔2〕 程立显.社会公正·经济公正·企业公正[J].海南大学学报(社会科学版)，1998(9)：37－41.
〔3〕 程立显.社会公正·经济公正·企业公正[J].海南大学学报(社会科学版)，1998(9)：37－41.

本投入的提供者、产品消费者相互之间的契约关系。[1] 企业中的劳动者、相关利益人、投资者等为企业的建立和发展提供各种人力、物力、财力等资源，企业通过自身的发展赚取利润为上述投入者支付相应的工资、红利、租金等报酬。但不管是劳动者还是投资人抑或是相关利益者，其手中的资源最终还是来源于社会的，而企业支付给上述资源提供者的各类报酬最终的归向也是社会。因此，对詹森和麦克林的定义进行适当转换，则可认为企业的发展其实是企业与社会之间的一种资源交换关系，企业与社会之间的这种资源交换关系实际上是一种权利与义务的交换关系。社会向企业提供相应的资源，按照马克思的基本原理，没有无权利的义务，也没有无义务的权利，企业也必须向社会履行相应的义务。为保证企业与社会之间的权利与义务相平衡，我们的社会一般采用以下两种制度设计来保证企业与社会之间的权利与义务相等，即一方面主要是通过市场的等价交换机制来实现，另一方面是通过上缴国家利税来弥补。[2] 例如企业的雇员与企业之间的劳资关系就主要依靠市场价格机制来调节，雇员向企业提供一定的劳务，企业根据等价交换的原则支付给雇员相应的报酬，并且国家通过制定相应的法律来保证这种等价交换的有序进行。但是企业与社会之间的关系并不全然像上述那样完全可以依靠市场的等价交换原则来衡量，很多社会向企业贡献的资源是无法精确衡量的，因此，国家进一步通过税收的方式来向企业收取这部分资源的费用，从而使税收方式成为对市场等价交换机制的一种有益的补充，也成为对社会整体利益的一种有力保证。

无论是市场的等价交换机制还是国家的税收机制，都是一个国家在处理社会与企业关系时的一种制度安排，正如我们在本章第一节中所说的，这种制度安排能否使企业与社会之间的权利义务关系达到平衡关涉的是社会公正与否。而在社会公正之下，企业能否按照这种制度安排来行事，能否保证自己所行使的权利与自己所履行的义务一致，就关涉到企业个人的公正与否。但就目前的状况而言，企业很显然连个人的公正都不一定能保证，也就是说企业在与社会进行资源交换活动时不遵守等价交换原则以及偷税漏税的情况时有发生，企业所行使的权利常常大于其所履行的义务。而这种企业的个体不公正

---

〔1〕 张春霖.企业组织与市场体制[M].上海:上海三联书店,1994:68.
〔2〕 李兰芬,倪黎.企业社会责任与社会公正[J].道德与文明,2006(4):49－54.

现象通常是由企业未遵守相关法律而导致的。例如企业故意拖欠工人工资，无法为员工提供一个安全生产的环境，这使企业从员工处获得的利益大于其支付给员工的利益，是对员工相应权益的一种剥夺，而这种不公正并不是由社会制度不公造成的，而是企业通过违背相应的保障社会公平的一系列法律与道德而造成的。因此，要纠正这种企业的个体不公正，必须使企业遵守相应的法律法规，按照市场等价交换的机制行事。按照卡罗尔对企业社会责任的分类，他认为企业的社会责任是经济责任、法律责任、伦理责任以及慈善责任的总和，经济责任指营利，法律责任指守法，伦理责任指合乎伦理地做事，慈善责任指成为好的企业公民。企业的个体不公正行为主要是由于企业未能履行相应的法律责任和道德责任，从而破坏了保证整个社会公平的制度安排。我们发现企业社会责任中的法律责任和道德责任是企业个体公正的应有之义，企业履行相应的法律责任以及一部分的道德责任就是对上述个体不公正现象的最好纠正，它能使企业按照社会规范进行一切商业活动，从而基本上保证企业在与社会的交换过程中权利与义务是相等的。

社会制度安排的公正对整个社会的公正有着决定性的意义，因为个体的行为取决于一定的社会规范与制度安排，只有先保证社会通过法律或各种规范赋予个体的权利与义务是对等的，才能保证个人按照社会规范合理地行使与履行自己的权利与义务，否则，当一种制度安排本身是不公平的时候，我们很难再要求社会中的个体做到公平，制度安排的公平比个体公平具有更重要的意义。

正如上述所言，企业与社会之间的关系目前主要是通过市场的等价交换机制来调节的，同时以国家向企业的征税行为作为一种补充手段，国家通过颁布一定的法律规范来保证上述机制的顺利运行。但是仅仅依靠经济杠杆、政治政策还不足以完全有效调节企业与社会之间的复杂的权利义务关系。[1]首先，从微观方面来说，虽然价格反映价值，但任何一种商品的价格与价值在很多情况下通常不相等，因为它会受到供求关系、市场信息以及销售渠道等因素的影响。当价格与价值不相符时，就会出现企业与社会之间的权利与义务事实上的不相等，一方付出的资金从市场上购买到的资源的价值就会大于或者小于其付出。除却微观方面的考量，从宏观方面来说，权利义务按照形式和

〔1〕 李兰芬，倪黎. 企业社会责任与社会公正[J]. 道德与文明，2006(4)：49－54.

性质可以分为法定权利义务、道德权利义务以及自然权利义务，而一个社会对权利义务关系的安排通常指前两者，但是由于受到统治阶级的偏好以及所处的具体环境的影响，法定权利义务和道德权利义务并不是绝然公正的，一些原本应该被确认为是权利或义务的内容可能被忽略。事实上，任何一个社会对权利义务关系的安排都不可能做到完全的公正，只有相对的公正，因为这一切都是在具体的社会环境中做出的制度安排。再回归到我们所说的等价交换与税收制度上来。它们在处理企业与社会之间的交换关系时所表现出来的也不是一种绝对的公正，而是相对的公正，它们只是保证了尽量大的范围内的公正，却无法涵盖所有范围。例如，国家为了发展经济，为企业发展提供一些珍贵的不可再生资源，虽然企业通过市场机制支付了相应的报酬，但这些不可再生资源的价值是不可估量的。事实上，目前企业所享有的各种资源和权利，在很大程度上是社会以极低的代价和成本供给的，而企业所支付的相应价格和上缴的利税并不能完全反映这些资源与权利的价值，社会与企业之间是一种不对等的权利与义务的交换关系。等价交换和上缴国家利税固然是企业承担其经济责任和政治责任的有效机制和法定渠道，但这些机制和渠道还没办法让企业真正地担当起恩泽于它的"社会"的责任[1]，长此以往，会造成企业与社会之间的权利义务关系紧张，即有失社会公正。在这种社会制度安排无法完全体现社会公正的情况下，企业的社会责任是对这种情况的修补，企业社会责任强调企业对社会应尽的义务和责任，企业通过履行相应的经济、伦理和慈善责任，通过对社会环保、人权等各项公益事业的关注，可以弥补自身对履行社会义务不足的现状。

企业履行社会责任是实现社会公正的内在需求。社会公正既包括个体公正，也包括社会制度安排的公正。企业社会责任中的一部分内容，例如企业的法律责任、经济责任本身就是个体公正的应有之义，因为个体的公正意味着在处理与社会的交换关系时遵守市场的等价交换原则，并且遵守一系列为保证等价交换顺利进行的法律法规，而企业的法律责任本身强调的就是守法，因此保证个体公正必然要求企业履行相应的社会责任。另一方面，税收和市场的等价交换机制不足以完全解释企业与社会之间的复杂的权利与义务关系，社会通常将一些稀缺的资源与权利以较低的成本让渡给企业，因此，企业除了需

[1] 李兰芬，倪黎．企业社会责任与社会公正[J]．道德与文明，2006(4)：49－54.

要支付相应的价格和上缴税收之外，还必须通过履行相应的社会责任（如道德和慈善等责任）来纠正企业与社会之间权利与义务关系偏失的状况，从而实现社会公正。

三、社会进步的应然追求

企业履行社会责任与社会公正之间是一种辩证关系。一方面，实现公正的社会责任需要企业履行相应的社会责任；另一方面，企业积极地履行社会责任也需要公正的社会环境的支持，因为企业积极履行社会责任的行为来源于企业相应的履责动机，而公正的社会环境会使企业的履责动机趋强，同时公正的社会环境还能使企业在满足自身需求时做出正确的行为选择。

（一）公正的社会环境有利于使企业的履责动机趋强

要求企业履行社会责任，必须探究企业内在的履责动机。一般来说，企业拥有以下三种履责动机。

第一，道德驱动。企业社会责任中包含着两条伦理原则——不伤害和利他，这也是企业社会责任的伦理内涵所在。不伤害要求企业的发展不应以牺牲环境、损害劳动者及其他消费者的利益为代价；利他要求企业不应当仅仅关注自身的角色义务，在一定程度上，要求超越自我的利益，超出自身的传统角色范围，积极主动地参与公益事业，关心社会的全面发展。[1] 企业社会责任天然地蕴含着的这两条伦理内涵预示着企业履行社会责任是企业对道理伦理的追求和对社会公正的维护，这是一部分极具社会公德心的企业或者企业家们的履责动力，即他们履行社会责任是出于对社会道义的维护，是出于其本身的伦理自律。

第二，价值增值驱动。利润最大化仍然是企业的最终追求，目前大部分企业履行社会责任是出于价值增值的考虑。虽然社会责任的履行会使企业在短期内损失一部分利益，但从长远来看履行社会责任会帮助企业建立良好的公众形象，提高企业的声誉，从而增加公众对其产品的需求并降低公众对其产品的价格敏感度。[2] 价值增值驱动在非国有企业中表现得尤为明显，作为一个为实现利润而存在的经济组织而言，其最大的动力就是营利。

〔1〕 董军.浅谈企业社会责任的伦理内涵及其理论逻辑[J].经济与社会发展，2007(11)：1－2.

〔2〕 苏蕊芯，仲伟周.履责动机与民营企业社会责任观——由“富士康连跳”现象引发的思考[J].改革与发展，2010(5)：56－59.

第三，政治驱动。政治驱动在处于经济社会转型期的国家尤为明显。转轨国家的一个重要特性就是虽然市场机制已经在资源配置方面发挥了一定的作用，但与此相对应的政府依靠政治权力来配置资源的现象依然十分普遍，政府手中掌握着大量的社会资源，某些情况下企业对资源的获得并不是依靠常规的市场竞争，而是依靠与政府的亲密关系。因此，对于天生缺乏政治保护的非国有企业而言，要想在发展过程中获得更多的资源，就必须与政府建立起牢固的关系网络。因此，通过履行社会责任来获得政府好感进而建立起与政府的关系网络成为非国有企业尤其是民营企业履行社会责任的另一个强大的动机。而对于国有企业而言，政治驱动的力量也十分强大。相对于实现价值增值，国企的领导们更希望通过履行社会责任向其直接政府领导部门传达一种忠于组织和敢于担当的信息〔1〕，从而拉近与政府的关系，获得自身政治上的升迁和管理者个人财富的累加。

从以上的分析，我们得知，除了纯粹的道德伦理的驱动之外，企业履行社会责任还受到经济、政治等另一些因素的驱动。虽然现实中不乏一批纯粹出于伦理道义驱动而履行社会责任的主体，但道德的力量毕竟是十分有限的，任何“善行”的实现都不能完全依赖行为人道德觉悟的提高。因此，今天大部分企业履行社会责任并不是单纯出于道德的驱动，而更多的是出于一种经济动机和政治动机。在这种情况下，企业能在多大范围内实现自身的经济收益、是否能建立起与政府的政治关联、是否能从中获得政治升迁的机会成为企业履行社会责任前的考量和决策依据。因此，能否实现一定的经济或政治目的是企业决定是否履行社会责任的一个重要因素。

社会公正最根本的原则就是权利与义务的相等。虽然企业履行社会责任是使企业与社会之间的权利义务关系达到平衡的应然之举，但是应然并不等于必然，毕竟仅仅以维护社会公正之名来要求企业履行社会责任是显得苍白无力的，并且大多数企业也绝不是出于纯粹的道德价值驱动才履行社会责任的。因此，社会应该给予企业一定的回报，即满足企业的合理动机和需求，这样才会使企业更有动力。假想在一个社会里，企业花费一定成本履行社会责任后所获得的东西与一个不履行社会责任的企业所获得的东西是一样的，那

〔1〕 苏蕊芯，仲伟周.履责动机与民营企业社会责任观——由“富士康连跳”现象引发的思考[J].改革与发展，2010(5):56—59.

么履行社会责任只能是一种空谈。这就要求社会给予积极履行社会责任的企业以适当的激励，例如适当减免税收，授予社会责任奖等，通过制定相应的政策措施使企业直接履行或间接从事对社会、对环境有利的行为，以此来间接履行社会责任，从而最终使企业履行社会责任，既满足了社会的要求也满足了企业合理的动机与需求。只有给需求以适当的满足才会导致由这种需求所产生的动机进一步加强，进而触发接下来的行为。

（二）公正的社会环境有利于企业做出正确的行为选择

企业履责动机是多元化的，除了道德动机之外还存在着价值增值和与政府建立政治关联以及获取政治升迁等动机，并且在现实中后者比前者的驱动力量显得更为强大。在上一部分我们论述的是通过强化企业相应的履责动机来使企业积极履行社会责任，而履责动机的强化在很大程度上依赖于公正的社会环境，只有适当给予企业想得到的，才会更为有力地触发企业相应的行为。换句话说，社会必须使一个履行社会责任和一个不履行社会责任的企业最终获得的东西有所区别，必须给予积极履责的企业相应的激励，这样才能强化企业履责的动机。但是，最初产生某种行为的原因是该主体的某种需要而非动机，需要经过转化后才变成相应的动机，最后触发一定的行为并使该种行为能够持续下来。所以说，能否使企业长久地履行社会责任取决于履行社会责任是否能使企业的需求得到满足。当然现实中也可能有仅仅出于获得道德满足感的需要而履行社会责任的企业，这类企业不会计较成本的损失，它们把公共利益视为企业的个体利益，但这种行为毕竟直接偏离了企业经济活动的直接的价值指向，所以在现实中是几乎不存在的，更多的企业是受到价值增长的需求和获得政治资源的需求的刺激，才萌发履行社会责任的念想的。但是在这里我们必须明确一点，个体满足需要的行为可以是多种多样的，也就是个人的行为方向是不具有特定性的。所以，企业满足其价值增长和获取政治资源的需要的途径也是多样的，并不是只有履行社会责任才会导致该类需求得到满足，企业可以通过偷工减料、偷税漏税等缩减成本的方式来实现利润的增长，同时，与政府建立密切的联系从而获取相应的政治资源，也完全可以通过寻租等俘获政府及其官员的行为来实现，并且在某种程度上利用这些不正当手段来满足需求比通过履行社会责任来满足需求来得更为直接与快速，企业所花费的成本可能也更少。而企业能否做出正确的行为选择在很大程度上则取决于一定的社会环境，如果一个社会的社会规范是不健全的，整个社会是缺乏透明度的，那么就会使企业产生不良的行为内驱力，并且使整个社会环境丧失公平性，一个依靠违法手段来获取利益的企业就会比一个通过履行社会责任来获取利益的企业最终获取的资源要多，支付的成本要小，同时速度要快。在这样的情况下，没有一个企业会选择通过履行社会责任来实现自身的需求，转而依靠投机取巧以及违法行为，整个社会会陷入更加混乱的秩序中去。相反，如果一个社会公正透明，企业就会以履行社会责任等正当的行为来实现自身需求。公正的社会环境能保证一个通过履行社会责任来实现目标的企业和一个通过偷工减料、寻租、贿赂等手段来实现目标的企业其最终的结果是不一样的，前者可以获得社会给予的相应激励，而后者会得到社会相应的惩戒。从上面的分析我们看出，要使企业履行相应的社会责任，不仅要依赖公正的社会环境使企业的履责动机加强，更要依靠这种公正的社会环境在企业实现自身需求的行为选择上做出正确的决策。

第九章　伦理自觉:企业社会责任的理想模式

企业社会责任的履行主体必然是形形色色的企业。但是在当代历史条件下,由于分工造成利益的分裂与对立,使得个人利益与公共利益存在冲突,“对于个人来说,出发点总是他们自己,当然是在一定历史条件和关系中的个人,而不是思想家所理解的‘纯粹的’个人”[1]。企业同样如此,其经营活动的出发点首先是本身,这样就使企业对自身利益片面追求,而忽视了其应该承担的社会责任,因此需要政府发挥主导作用,构建企业社会责任体系;然而就社会发展的终极价值目标而言,政府对公共利益的维护是有限度的,因此要想彻底解决企业社会责任问题,最终实现伦理自觉,需要企业和国家一并发挥作用。

第一节　伦理自觉的本质属性

按照唯物主义理解,伦理道德在根本上是由社会经济关系所决定的一系列行为方式和价值标准,随着社会变迁而发生变化。但在一定时间的积淀中,社会逐渐形成了一套可固定化的伦理准则并为人们所接受。长期下来人们将其自觉视为科学、正确和不加怀疑的真理标准,甚至成为一种天然的本能或习惯。如叔本华称这种伦理为“天然的同情心”,是每个人天生即有的,不可摧毁的。这种“与生俱来”的伦理自觉是一种自发的伦理意识。另一方面,人们信奉这一伦理,反过来又坚定不移地推动并内化这一伦理,体现了一种有意识的自觉。这种伦理自觉反映了一个人对人的价值的认识,而人的价值又主要体现在其社会责任上。人与动物的根本区别是人生活在社会中,懂得个人与社

〔1〕 马克思,恩格斯.马克思恩格斯选集[M]:第3卷.北京:人民出版社,1995:86.

会的依存关系，要受伦理道德的约束。也因为如此，一个人伦理道德水平越高，对社会的贡献越大，他的伦理自觉就越明显。

从本质上看，伦理自觉至少由以下三个方面组成。

其一，人的自我约束与自律。人来源于动物，与动物同宗但不同类，有动物的一面，但又超越动物；离不开物质生活，为获得足够的财富，为过上优越富裕的生活而不断地奋斗创造，但又不视财富为目的，不把物质财富的充裕视为生活的全部，甚至愿为精神的充实和道德的高尚而选择清贫。人的这种对自我行为的调节与控制，就是人与人、人与社会、人与环境之间的一种自觉意识和人格力量。没有自我约束和自律就没有人类的伦理自觉。

其二，人的主观努力。中国儒家一直认为人生最重要的是以德修身，以德处世，在服务他人、造福社会的过程中实现自己的人生价值。知其不可为而为之，为仁由己，而由人乎哉，吾欲仁，斯仁至矣，充分表现了事在人为、积极向上的能动意识。这是伦理自觉形成的重要基础。

其三，人的理想与道德追求。人虽然是自然界的一部分，但人又有自己的内在尺度，无时无刻不在为实现对动物性的超越和对自身生存状态的超越而受希冀创造的愿望所驱使，无时无刻不在内心激荡一种趋向自由的力量和关怀终极的热情。然而，现实的不完善和人实际上的不自由，使人对生活于其间的社会持一种怀疑与批判的态度，从而激发超越现实的渴望。人对理想与道德的追求是走向伦理自觉的心灵支柱。

第二节　企业社会责任的自觉担当

正如前文所指出的，在利益存在分裂与对立的历史条件下，企业社会责任的构建需要诉诸能够代表公共利益的社会主体或社会机构，在当代，政府必然而且应当发挥主导作用。然而，在私有制存在的历史背景下，国家（政府）只是公共利益的虚幻的共同体形式，根本上所表现的仍然是特殊形式的私人利益，是以阶级特殊利益形式表现的私人利益。“正是因为私人利益和公共利益之间的这种冲突，公共利益才以国家的姿态而采取一种和实际利益（不论是单个的还是共同）脱离的形式，也就是说采取一种虚幻的共同体的形式。”[1]国家

---

〔1〕 马克思，恩格斯．马克思恩格斯选集[M]：第3卷．北京：人民出版社，1995：38.

（政府）对公共利益的维护、对特殊利益的干涉都是有限度的。也就是说，在国家（政府）的范围内无法实现解决企业社会责任问题的终极目标，要消灭这一问题本身，必须要超越国家（政府）。

一、企业公民：社会责任履行的理想主体

（一）企业社会责任履行的主体

要弄清企业社会责任履行的理想主体，首先要弄清楚什么是主体。马克思主义哲学认为，主体即能动者、主导者的意思。人的活动不是由自然对象或冥冥中的神灵主宰的，而是由人作为自己活动的发起者、承担者和组织者，人属于能动主导的方面。人之所以成为主体，是因为人具有特有的存在方式，那就是实践。马克思和恩格斯指出："个人怎样表现自己的生活，他们自己就是怎样。因此，他们是什么样的，这同他们的生产是一致的——既和他们生产什么一致，又和他们怎样生产一致。"[1]也就是说，实践构成了人类的存在形式。人类正是在改造自然的实践过程中，结成一定的社会关系。由此可见，实践确立了人的主体地位，同时使人获得了主体性。人的主体性有多种表现形式，具体来说有以下三种：① 个体形态，即主体性在个人身上的表现；② 组织形态，由个人组成，具有共同的意识、目的，因而具有超越个体的巨大力量；③ 社会形态，即处于同一时间、同一经济形态下的不同个人或组织构成的社会总体活动系统。个人或组织只有结合成统一的社会主体，才能实现对自然的改造，实现自身的发展，发挥自身的主体性。

企业的主体性表现在上述的组织形态，它同不同的个人一起形成统一的社会主体，虽然各自有着不同的利益，但在统一的社会主体下也存在着共同的利益和目的。企业社会责任的主体无疑是指作为独立法人的企业及其内部所有个人，而在本书的研究中主要是指作为独立法人的企业。企业能够成为CSR履行的主体，是因为它具有独立的法人地位，能够自主经营、自负盈亏、自我约束、自我发展，同时它能够自主做出各种经营行为选择，属于自主决策、自主执行；另外企业作为CSR履行的主体，也有其自为性的一面，体现在企业的各种行为选择不仅是为了满足企业责任客体的需要，而且也是为了满足企业自身生存和发展的需要。企业作为社会的经济组织，和人类生活息息相关，人

〔1〕 马克思，恩格斯. 马克思恩格斯选集[M]：第1卷. 北京：人民出版社，1995：25.

们无时无刻不在接受着企业提供的物质产品、各种服务。而谈论企业社会责任，其主体也必然是形形色色的企业。

作为独立法人，企业在享受社会赋予的权利时，应当要承担相应的对社会的义务，这种义务是企业作为法人实体所必须承担的。这种义务不仅表现在自主经营、自主盈亏、依法纳税等经济责任上，还表现在对利益相关者承担一定的道德责任、法律责任以及慈善责任上。当企业作为一个整体时，应当主动承担社会责任。企业的生产运营过程是否规范、是否符合公众利益，直接关系到利益相关者的权益是否受到损害；当企业内部员工单独作为时，也应当主动承担社会责任。整体与个人是紧密相连的，作为活的主体，个人在企业发展过程中，必须要具备良好的社会责任意识，尊重员工、重视维护消费者权益、保护环境、严格要求自己，如此一来，企业整体才能够表现出良好的社会责任意识，主动承担社会责任。

（二）企业社会责任履行的理想主体

理想的社会责任主体是在公民社会健全的社会文化背景下慢慢凸显出来的，当公民社会发展到一定程度，企业公民的身份也就得以成立。企业公民(Corporate Citizenship)和个人一样需要承担法律赋予的责任与义务。企业是社会的一个重要组成部分，企业有权利，也有责任为社会的发展进步做出贡献。将企业视为国家的公民，承担起公民的责任，实际上反映了企业在经济和社会发展中的重要地位，也对企业提出了更高、更严格的要求。从目前的普遍情况看，企业公民基本等同于企业社会责任。世界经济论坛认为，企业公民包括四个方面：一是好的公司治理和道德价值，主要包括遵守法律、现存规则以及国际标准，防范腐败贿赂，包括道德行为准则问题以及商业原则问题；二是对人的责任，主要包括制订员工安全计划、就业机会均等、反对歧视、薪酬公平等；三是对环境的责任，主要包括维护环境质量、使用清洁能源、共同应对气候变化和保护生物多样性等；四是对社会发展的广义贡献，主要指广义的对社会和经济福利的贡献，比如传播国际标准、向贫困社区提供要素产品和服务，如水、能源、医药、教育和信息技术等，这些贡献在某些行业可能成为企业核心战略的一部分，成为企业社会投资、慈善或者社区服务行动的一部分。当企业具备了上述品质成为企业公民时，也就有了精神属性，这时它们将会自觉地承担社会责任，正如自然公民不能仅仅依靠物质需求满足生活的需要，企业公民也需要更高尚的追求。在对是追求社会的整体繁荣还是企业的利润最大化、是关注社会公正还是效率至上等问题进行抉择时，企业公民将会从社会责任的角度出发，作出正确的选择。约翰·斯蒂纳、乔治·斯蒂纳认为："企业影响力的来自于社会赋予它们的一种职权，可以将资源有效地转化为社会所需的服务和产品。作为实施这种转化的回报，社会给予企业采取合理和必要的行动的权利，而且获准取得投资回报。"[1]因此，拥有公民身份的企业在拥有权利的同时，就应当具备公民的责任意识和公益心，主动承担义务，即主动承担社会责任，具体内容包括营利、严格遵守法律法规、不断提升企业伦理道德责任意识、致力于环境保护、增进社会财富、改善生活质量等。

追求经济利益是企业的基本目的，这是出于企业生存的需要，而当企业发展成企业公民时，它就有了更高层次的追求。为了实现自我价值(即取得社会成就)，企业公民将会主动自觉地承担社会责任，而相应地，它也将得到人们和社会的尊重。

二、制度伦理:社会责任履行的理想条件

马克思曾说过:"不是人们的意识决定人们的存在，相反，是人们的存在决定人们的意识。"[2]同理，人们的道德状况和道德观念也是由他们存在于其中的环境决定的。制度是环境的重要组成部分，我们称之为制度环境。一个社会的制度环境如何，不但影响到该社会的经济发展、政治进步程度，也会影响到该社会总体的思想道德水平。

所谓制度，"是社会的博弈规则，或更严格地说，是人类设计的制约人们相互行为的约束条件……用经济学的术语说，制度定义和限制了个人的决策集合"。制度具有伦理教育作用。制度告诉并强制规定人们可以做什么、不可以做什么，从而限定了人们活动的范围，人们在这个范围内可以自由做出行为选择，但是一旦超出这个范围就会受到惩罚。因此，制度具有强化某种行为的导向作用。在企业社会责任上，制度可以硬性地规定企业的道德行为，对公司履行社会责任起到规范引导的作用，一方面对不负责任的企业行为做出惩罚，另一方面对履行社会责任良好的企业进行表彰，同时对企业践行社会责任的标

〔1〕 乔治·斯蒂纳，约翰·斯蒂纳.企业、政府与社会[M].张忠强，译.北京:华夏出版社，2002:58.
〔2〕 马克思，恩格斯.马克思恩格斯选集[M]:第2卷.人民出版社，1995:143.

准做出规定，从而引导企业履行社会责任。可见，制度对于企业履行社会责任显得尤为重要。由此，我们应该构建企业履行社会责任的理想制度环境。诺斯认为，“制度是个社会的游戏规则，更规范地讲，它们是为人们的相互关系而人为设定的一些制约”，他将制度分为三种类型，即正式规则、非正式规则和这些规则的执行机制。因此，本文将从显性制度环境、隐性制度环境和制度执行环境三个方面探讨企业履行社会责任的理想制度环境。

（一）显性制度环境

显性制度，又称正式制度，是指国家政府或统治者等有意识创造的一系列政治、经济规则及契约等——当然是按照一定的目的和程序创造的——以及由这些规则构成的社会的等级结构。这些法规大到宪法，再到成文法与普通法，小到个别契约和明细的规则等，这些法规对人们的行为起约束和激励作用。

市场经济是一种制度经济，市场中的每一个企业个体按照市场规则、制度进行交易活动，在交易中，完备的制度体系和严格的制度规范形成了良好的社会氛围。当前我国社会主义市场经济体制尚未完善，体制转轨、社会转型正在进行，各种矛盾汇流而至。旧的制度受到破坏，新的制度尚未建立，即使建立起新的制度，在制度的执行层面也落实得不好。这样，道德观念发挥作用的制度环境不存在，因而难以对企业履行社会责任发挥作用。

“立法是一种能促进企业去履行社会责任的重要手段，与其他所有国家一致，我国目前还不存在专门针对公司社会责任的法律，只是通过散落于不同法律的具体条款，提供了一个为保障不同社会群体的合法权益的庞大的法律体系，主要涉及公司制度、劳工保护、环境保护、消费者权益保护和慈善捐赠等五个方面。”[1]自 20 世纪 90 年代以来，我国已相继建立了一系列有关规范企业行为、保护利益相关者权益的法律、法规，如《中华人民共和国劳动法》《中华人民共和国安全生产法》《中华人民共和国消费者权益保护法》《中华人民共和国公司法》等。但是，现有的法律、制度存在着一些问题亟待解决。主要表现在以下几个方面。

首先，与社会责任相关的法律普遍滞后于经济发展的现状，不能适应新形

〔1〕 李秉勤，胡博，盛斌. 政府在促进跨国企业承担社会责任中的作用[J]. 东岳论丛，2009(2)：71—77.

势下所出现的新问题。许多法律均制定于20世纪90年代甚至更早，如《环境保护法》从1989年制定后一直沿用至今。但是，经过近20年的发展，我国的经济形势发生了巨大的变化，经济、社会领域出现了许多新情况、新问题，而采用以往的法律面对这些问题往往感到捉襟见肘。

其次，以惩罚性措施为主，奖励性措施过少。现有的与企业社会责任相关的法律条款均以惩罚性为主，但处罚力度又较小，远远低于企业违背社会责任所获得的收益。2007年9月5日，全国人大全文公布了《水污染防治法》修改草案，在具体处罚上，新草案将处罚最高限额由以前的20万元升至100万元，提高了四倍，但是这个力度还是不够大，尤其是对于一些大型企业，即使罚款100万，也远低于其投入水污染处理的成本。当成本小于收益时，以追逐利润为最高使命的企业就更有动力和胆量对履行企业社会责任熟视无睹了。另一方面，相关法律制度中奖励性措施过少，没有对积极履行社会责任的企业起到激励作用。虽然从2005年开始，国家环保总局对企业建设项目进行环境评估，对于评估结果优秀的企业项目，授予“国家环境友好工程项目”称号，但是在法律、制度层面上类似的举措较少。

因此，要培育有利于企业履行社会责任的理想制度环境，首先要对现有的相关法律、制度内容进行更新，以适应新的社会、经济形势下的要求；同时，在内容上，要加大奖励性措施的比重，以更好地激励、引导企业践行社会责任。

(二) 隐性制度环境

隐性制度是人们在长期的实践中无意识形成的，具有持久的生命力，并构成世代相传的文化的一部分，包括价值观念、伦理规范、道德观念、风俗习惯及意识形态等因素。

我国有着悠久的历史及丰厚的历史文化遗产，传统文化中有着许多优秀的财产需要我们当代人继承和发扬，但是不可否认的是，我国传统文化中也存在着一些糟粕，并且这些糟粕已经成为我国企业履行社会责任的阻碍。

首先，人不为己，天诛地灭。虽然这种极端利己的思想一直受到社会的批判，但是它并没有从人们的思想中消失，相反，它甚至成为某些利己主义者的理由。我国许多企业的经营者将此作为经营活动的指导原则，一味地追求企业利润的最大化，忽视企业社会责任，全然不顾利益相关者的权益。

其次，等级观念强。等级观念在中国文化中体现在君与臣、父与子、夫与妻的纲常伦理体系中，这是一种非常明显的依附关系、主从关系。现在对于这一思想的继承体现得最为明显的就是官本位思想。无论是高校的去行政化改革，还是每年千军万马考公务员，都说明了传统文化的等级观念影响之深远。企业的管理者和员工也会受到这种文化的影响。这种影响主要表现为普通员工视管理者和领导为依附对象，个人利益无限制地服从于“集体利益”，员工对于企业的侵权行为往往忍气吞声，而企业的经营者则会进一步侵犯劳动者的合法权益。

对于传统文化中的糟粕部分，我们必须逐渐地去除，当然这是一个渐进的过程。同时，全社会要形成积极的社会主义荣辱观。只有在积极的、正确的隐性制度环境下，企业才会自觉、主动地承担社会责任。

（三）制度执行环境

制度执行也即制度落地，是指将制定好的制度通过各种手段在现实中推行下去并产生实效的过程。制度一旦制定下来，关键就要看制度的执行层面了。制度无法落实，就会成为空谈。

社会主义市场经济体制建立以来，我国各项法律、制度不断建立、完善，总体上来看，已经基本形成了比较健全的社会主义法律体系，与企业社会责任相关的法律、制度也在不断的完善中。值得注意的是，在某些条款上，我国的规定比国际标准或公约中的规定还要严格，如 1991 年我国通过的《禁止使用童工规定》中的第二条规定童工指未满 16 周岁的少年、儿童，而 SA8000 规定的童工年龄的上限为 15 周岁。

那么为什么我国企业履行社会责任的状况与西方发达国家相比存在差距呢？我想一个重要的原因就是制度的落实不到位，制定的制度成了摆设，没有落地生根。为了建设一个良好的制度执行环境，我们需要考虑影响制度执行的两方面的问题。第一，制度不合理，无法执行。如我国规定企业一周正常工作时间不得超过 44 小时，比 SA8000 的规定还要严格。但是实际情况是，我国作为发展中国家，熟练劳动力相对匮乏，劳工专业技能相对落后，所以劳动生产率在国际竞争中并无优势。这种情况下，企业往往靠谎报工作时间、压低工资成本来换取国际竞争力，致使法律条款不能得到有效实施。第二，制度合理，但不愿执行。某些地方执政者，出于自身利益的考虑，对损害到自身利益的制度不予执行，或者是变相不执行，从而使制度的执行效果大打折扣。

因此，要形成一个良好的制度执行环境，一方面，在制定制度时，要充分考虑到制度的科学性和执行的可行性；另一方面，一旦制度建立，要不打折扣地执行下去，对制度的执行要跟踪、监督，对不能有效执行制度的领导干部要实行问责。

邓小平同志曾经说过，好的制度可以使坏人变好，坏的制度可以使好人变坏。同样的道理，好的制度可以让不愿履行社会责任的企业履行社会责任，而坏的制度可以让愿意履行社会责任的企业不再履行社会责任。因此，我们要在显性制度环境、隐性制度环境、制度执行环境三方面着手，努力构建一个促进企业履行社会责任的良好的制度环境。

第三节　企业履行社会责任的政府自觉

一、政府责任的主导地位

（一）强制性社会分工导致企业异化发展

1. 人类社会发展初期不会出现企业社会责任问题

历史唯物主义认为，一方面，人的存在表现出双重的属性，即自然属性和社会属性，理解人的存在时既要看到人存在的自然方面又要看到人存在的社会方面，“我们不仅生活在自然界中，而且生活在人类社会中”[1]。但另一方面，人之为人，根本还在于人的社会属性，“人的本质不是单个人所固有的抽象物，在其现实性上，它是一切社会关系的总和”，“全部社会生活在本质上是实践的”[2]。人的存在的基本方式决定了人们在社会生产和生活中必然会结成一定的社会关系，个人既是独立存在，同时又是处于一定社会关系中的相互依存的存在。在这样的历史前提下，必然出现不同范围、不同层次的公共利益或共同利益。公共利益是以不同个体的利益的共同性、普遍性为基础的，体现了普遍的发展需要。在人类社会发展初期，强制性社会分工出现之前，个人利益与公共利益是高度统一的，个体的进步同时也是群体和人类的进步，个体的利益同时也是群体的共同利益；同时，个体一刻也不能离开群体，个体只有在群体中，其生存与发展才能得到保障。企业也是一样，作为相对独立的个别存在，企业有其个别利益要求，同时企业与其他社会个体或社会组织之间又存在着不同范围、不同层次的公共利益。而且在当时的历史条件下，单纯的自然方

〔1〕 马克思，恩格斯．马克思恩格斯选集[M]：第4卷．北京：人民出版社，1995：230.

〔2〕 马克思，恩格斯．马克思恩格斯选集[M]：第1卷．北京：人民出版社，1995：56.

面的分工刚刚开始，企业的个体利益与公共利益的统一是显而易见的，对自己个别利益的追求实际上也包含着对公共利益的追求。所以，企业社会责任问题也是不会存在的。

2. 强制性社会分工的出现使企业社会责任应运而生

正如在前文中所论述的，在强制性的社会分工出现之前，个体利益与公共利益是高度一致的，每个个体对个人利益的追求实际上也是对公共利益的追求，因此也就不存在社会责任问题。但是，在历史唯物主义视域中考察企业社会责任问题，更需要从关于人发展的终极理想的角度去理解和反思。从这一角度来看，虽然在社会分工出现之前，个体利益与公共利益高度一致，但是这种高度一致性又决定了个人不是依照本人的需要进行交往，而是依照共同体的要求进行交往，“他们只是作为具有某种社会规定性的个人进行交往，如封建主和臣仆、地主和农奴等，或作为种姓成员等，或属于某个等级，等等”[1]。这种状况决定了人的活动与发展具有高度原始性。所以无论是从人的历史发展的角度，还是从社会生产力发展的角度来看，这种状况都必须改变。

随着社会生产的发展，社会分工开始出现。一方面，社会分工的出现具有历史的进步性，它显著提高了社会生产的专业化和专门化程度，劳动生产率获得显著提升，大大促进了社会生产力的发展，“受分工制约的不同个人的共同活动产生了一种社会力量，即扩大了的生产力”[2]。同时，社会分工的发展还造就了企业的形成与发展，是企业存在的历史条件和历史依据。但是另一方面，迄今为止，社会分工的发展都不是出于自愿的，而是自发的，表现为社会的强制性，换句话说，个人摆脱不了这种分工的限制，个人的活动范围是强加给他的。“当分工一出现以后，每个人就有了自己一定的特殊的活动范围，这个范围是强加于他的，他不能超出这个范围：他是一个猎人、渔夫或牧人，或者是一个批判的批判者，只要他不想失去生活资料，他就应该始终是这样的人。”[3]强制性的社会分工还形成了社会生活的分裂，导致利益的分裂与对立，“随着分工的发展也产生了个人利益或单个家庭的利益与所有相互交往的人们共同利益之间的矛盾”[4]。这样，在个体利益与公共利益存在分裂与对

〔1〕 马克思，恩格斯. 马克思恩格斯选集[M]：第46卷(上). 北京：人民出版社，1995：110.
〔2〕 马克思，恩格斯. 马克思恩格斯选集[M]：第3卷. 北京：人民出版社，1995：38—39.
〔3〕 马克思，恩格斯. 马克思恩格斯选集[M]：第3卷. 北京：人民出版社，1995：37.
〔4〕 马克思，恩格斯. 马克思恩格斯选集[M]：第3卷. 北京：人民出版社，1995：37.

立的历史条件下，企业发展的社会责任问题开始显现。一方面，社会生活的分裂使企业失去了对社会生活整体性的理解；另一方面，在利益存在对立的情况下，企业将首先考虑自身的特殊利益，而不会将公共利益作为行动的出发点，最终导致了企业的“异化”发展，即企业对自身利益最大化的追求与社会整体发展矛盾与对立。在这样的历史条件下，企业自觉承担社会责任的理想状态是不可能实现的。因此，在企业社会责任的历史构建中必然需要诉诸能够代表普遍利益或公共利益的社会主体或社会机构。在当代，政府应该成为企业社会责任构建的主导，这是当代历史条件下构建企业社会责任的必然选择。

（二）市场失灵的存在

所谓市场失灵，是指在资源配置的某些领域完全依靠市场机制的作用无法实现帕累托最优状态。[1] 自由放任的市场经济是无法实现经济的良性运行的，单纯依靠市场机制自身的调节作用往往导致经济危机的发生。因此，为了克服市场失灵，市场经济的运行就不能没有政府的干预。尤其对正处于转轨时期的我国来说，在许多方面尚不具备或不完全具备市场机制正常运转所需的基本条件，而发展市场经济的客观形势又不容许我们仅仅依靠市场自发的力量去慢慢形成这些条件，这就要求政府通过制度创新和制度供给来培育市场，克服市场失灵。

企业作为市场经济的重要主体，促进经济发展、获取最大限度的经济效益是其首要的职能。经济越是发展就越能促进整个社会的发展，从这个角度来看，实现最大限度的经济效益是企业发展的价值目标。但是另一方面，社会生活具有整体性，社会生活的各个方面只是作为社会生活的构成要素而存在的，任何单独的一个方面都不能独立地构成完整的社会生活。也就是说，企业一方面要以经济发展为目标，另一方面这种发展也要符合整个社会生活发展的要求。但是，许多企业割裂了这种联系，没有把企业发展与社会的整体发展统一起来，仅仅关注自身的经济利益，忽视自身的行为给社会带来的影响。最典型的莫过于企业的行为所导致的负外部效应。

由于市场失灵的存在，单纯依靠市场机制解决企业社会责任问题是不可行的，因此需要发挥政府的主导作用，综合运用经济、法律和必要的行政手段，实现“政府调节市场，市场引导企业”的新格局。

---

〔1〕 韩丽华，潘明星.政府经济学[M].北京：中国人民大学出版社，2008：9.

二、政府责任的表率作用

正如前文所说，在当前历史条件下，企业难以自觉地将社会责任纳入战略发展规划，而政府资源的集聚以及其作为公共利益代表的地位，决定了其应该而且必须成为企业社会责任构建的主导。

但是，政府的主导作用不能泛泛而谈，不能拘泥于扮演转型时期的规范者、监督者和引导者的角色，而应当在原有的完善的法律法规等强制性规范和监督惩罚方式的基础上，将政府的工作切实贯彻到引导性政策上，加强建设和完善制度环境，鼓励社会积极参与并营造一种积极的利益导向型的激励措施，激发企业履责动力。政府作为社会公共服务主体，地位举足轻重，其一举一动都是一种示范和号召，直接关系到社会其他主体能否向政府看齐，因此，政府引导企业履责的另一个关键性举措就是政府履责。这就体现出政府与企业之间的一个道德博弈，如果政府自觉履行社会责任，伦理道德意识强，那么当企业违背社会道德，侵犯利益相关者的利益时，政府就具备了一定的资格和权威来指出并纠正企业的错误；相反，如果政府不能够做好示范效应，功利主义观念强，注重自身政绩，维护自身形象，那么企业就找到了俘获政府并逃避社会责任的借口，社会责任履责意识就会变得薄弱。《别“逼”企业偷税》这一报道就真切地反映出了这一博弈过程：当地政府不遵守伦理道德，为实现当地 GDP 的迅猛增长，大量“抢劫”企业财物，逼迫企业增加税收，导致企业为了维护自身利益只能变相偷税，这也就充分说明政府做出道德示范的重要性。为促进企业履行社会责任的实现，最终实现企业社会责任承担的伦理自觉，政府应该从以下方面进行改进，从而更好地发挥主导作用。

（一）以科学发展观为指导，树立科学的发展理念

我国正处于并将长期处于社会主义初级阶段，这一基本国情决定了发展仍然是执政兴国的第一要义。要以经济建设为中心，聚精会神搞建设，一心一意谋发展，不断解放和发展生产力。但是我们同时也要清醒地认识到，搞建设、谋发展只是手段，最终目的是让人民幸福地生活。发展是硬道理，但发展并非不计代价，更不能被少数人曲解为一切为发展让路，在发展的过程中，必须树立科学的发展理念。

然而，部分地方政府却颠倒了手段与目的的关系，将发展视为最终目的，同时，在 GDP 这根“指挥棒”的指挥下，为了发展不计一切。因此暴力拆迁层

出不穷，基础设施重复建设，我们看到高铁运营问题不断，我们看到城市建设日新月异人们却越来越找不到安身立命之所，商品房发展迅速，人们却还在蜗居，我们看不到发展中的人文关怀，体会不到发展带给人民的幸福。我们不禁要问：发展为了什么？

经济是要发展，但是我们不要牺牲环境换来的GDP，不要暴力拆迁换来的GDP，更不要带血的GDP。地方政府应深入贯彻落实科学发展观，牢记发展为了人民、发展成果由人民共享这一核心理念。具体到时代要求，就是要加快经济发展方式转变，促进转型升级。

（二）改革绩效评估体系，树立正确的政绩观念

根据经济人假设，地方政府官员也是经济人，他们的目标就是获得政治晋升，而晋升的一个重要评判标准就是政绩。因此政绩的衡量标准对地方政府官员的行为具有重要的导向作用。我国目前对政绩的考量依据主要是经济发展成果，也就是GDP，因此在"政治晋升冲动"下，各地方政府唯GDP马首是瞻，不顾一切做大蛋糕，从而捞取晋升资本。这也就是各地方政府对"发展性"基础设施（如交通）建设表现出极高的热情，而对"福利性"基础设施（如教育、地下排污系统）建设投入有限的原因。

企业作为社会经济组织，是促进经济发展、拉升GDP的重要动力。因此地方政府在现有政绩观念的引导下，盲目地招商引资，全然不顾转型升级的要求，为了GDP可以牺牲环境、资源甚至是生命，对于企业违背社会责任的行为也是不闻不问。这也就无怪乎某些地方的环保部门为了"大局"着想，对企业的污染行为睁一只眼闭一只眼，甚至是沆瀣一气，为企业的污染行为"保驾护航"。更严重的是，当企业在与政府的博弈中占据优势地位时，便会俘获政府。政府促进企业承担社会责任的目标也就不可能实现。

因此，必须改变现有的绩效评估标准，树立正确的政绩观念。除了对GDP进行考量外，还要综合考虑民生、环境、教育等标准，将能源消耗的下降、环境压力的减轻等指标作为考核的重要内容。这样既有利于促进地方经济社会的全面协调可持续发展，也有利于防止地方政府和各级干部做出短期行为。[1]只有在正确的政绩观念的引导下，政府才能有效地促进企业承担社会责任。

〔1〕 葛海鹰.推进地方政府工作的改革创新，切实转变政府职能.人民日报，2006－12－08.

（三）转变政府职能，为企业发展提供良好的外部环境

归根结底，企业是一个经济组织，企业首要的基本社会职能就是促进经济发展，获得最大限度的经济效益，在此基础上去承担社会责任，为社会的发展尽自己的义务。因此，作为政府来说，也要提供服务，为企业的发展营造良好的制度环境、市场环境、政务环境和舆论环境。“只有建立起政府与企业之间的良性互动机制，才能建立起良好的政企关系，促进企业发展，更好地履行社会责任，推动社会的可持续发展。”[1]

转变政府职能，就是要着力解决政府的“越位”和“缺位”问题。一些本来政府不应该管的事，政府却越位管了；有些本来应该由政府管的事，政府却缺位没有管。政府管了许多不该管、管不好、管不了的事，而在教育、民生等领域投入却不足。要改变这种状况，必须做到：“越位”的要“归位”，不该由政府管理的事项，政府绝不能大包大揽；“缺位”的要“补位”，属于社会公共领域的事务，靠公民个人、社会组织和市场又不能解决的，政府必须出面解决。政府的管理要着力从微观领域转向宏观领域，把宏观管起来，管住管好，而弱化直接干预企业的微观管理职能。

具体到企业社会责任的构建上，同样需要政府能够有所为有所不为。有所为，即政府应该管的必须管好；有所不为，即政府不该管的坚决退出，把政府不该管的事交给企业、市场和社会组织，充分发挥社会团体、行业协会、NGO等在企业社会责任构建中的作用。

加快推进政治体制改革，深入转变政府职能，使政府成为公平竞争环境的提供者，改善市场环境，为企业履行社会责任创造条件。

（四）完善法律法规体系，规范企业行为

法律是由一定经济基础决定的政治上层建筑，反过来它又会对经济基础产生重要的影响作用。法律是落实企业社会责任的有力保障，是所有外部力量中最强大的措施。一般来说，企业社会责任可以分为法律意义上的社会责任和道德意义上的社会责任。前者是对企业履行社会责任的最低限度的要求，由法律权威促使其必须遵守，如许多国家的劳动法、消费者权益保护法、环境法等，这些均规定了企业对社会的最低限度的道德责任，这些责任企业必须履行，否则将承担违法成本；而后者则是更高的道德层面上的要求，是否履行

[1] 黎友焕．企业社会责任在中国[M]．广州：华南理工大学出版社，2007：76．

取决于企业自愿，如企业的自愿慈善捐赠行为。对于企业对社会最低限度的道德义务，必须要有法律法规的明确规定，使之上升为强有力的企业行为规范，因此政府需要做的，是对目前与中国企业社会责任相关的法律进行梳理，看看还有哪些企业应尽的道德义务是法律还没有规定的，哪些具体的条文是需要与时俱进进行改进的；同时，为更高层次的道德意义上的社会责任履行提供法律上的支持。虽然该类社会责任是企业自愿履行的，但是仍然可以通过法律支持引导企业履行。

第十章 基于CSR建设的我国政府作用的对策建议

第一节 政府对企业承担CSR进行干预的原则

尽管我们强调政府在企业承担社会责任中起主导作用，强调政府对企业承担社会责任的干预，但在社会主义市场经济体制建设中，政府的干预模式存在“科学性”难题，政府干预，既要有能够驾驭企业社会责任管理的能力，又要在市场经济局势和国际贸易新格局范围之内。所以，政府要加强创新，采取科学的干预手段，从构建社会主义和谐社会的高度，以科学发展观为导向，从政府和企业的相关关系角度来考虑。政府干预企业社会责任应该遵循以下五大原则。

第一，符合国情的原则。符合我国国情是政府干预企业承担CSR的总体原则。由于不同的经济系统对政策变量的响应不同，所以，在不同的经济系统中，政府干预的可选政策工具箱也是不同的。西方国家在干预企业社会责任方面也采取了许多行之有效的措施，积累了丰富的经验，取得了显著的成效，这些经验，作为“他山之石”，中国无疑可以而且应当大胆“拿来”为我所用。但由于中国与西方国家的社会性质、发展水平、历史传统、人文环境、经济结构、市场状况等约束条件存在较大差异，因此，在借鉴国外经验制定和实施干预政策时，必须防止生搬硬套、片面强调“国际接轨”、简单盲目地照搬照抄外国的现存经验，而应当采取辩证否定的态度，始终坚持从中国的实际国情出发来取舍。

第二，尊重公司商法自治原则和诚实信用原则。这是第一层干预，是政府强化 CSR 的前提(即尊重型干预)。

一方面,政府要给企业充分的生产经营自主权,切实保护企业以财产所有权为基础的产权完整性不受侵害,积极为企业履行社会责任创造环境并提供服务,加快社会劳动保障体系建设,让履行社会责任的企业享受法定权利和利益。

另一方面,又要倡导和约束企业诚实守信。政府要在法定责任范围内,有选择地采取法律、经济、行政等综合手段,严厉打击各种违法行为。要让那些肆意藐视劳动法律法规的不法企业无立命之所,无容身之地。通过严格执法,营造企业守法有责、守法光荣,违法可耻、违法必究的社会氛围。政府应当达到促使企业合法经营"如鱼得水",放弃社会责任"寸步难行"的境界。

第三,宏观调控的原则(即宏观型干预)。这是第二层次的干预。政府干预经济的传统模式是政府直接管理经济,这种模式要尽快向宏观经济调控转变。在授权还权于企业的同时,把大多数政府对公司的直接、微观关系模式转变为间接的、以宏观调控为主的模式。这种宏观调控以社会整体利益为动力,以构建和谐社会为根本目标。政府还要通过各种方式,如税收、宣传等鼓励企业承担 CSR,建设良好的企业社会责任文化。

第四,促成和帮助公司履行 CSR 的原则(即促成型干预)。这是第三层次的干预。这一干预的特点是促成和帮助公司履行社会责任,并因此取得更佳的经营效果。在企业履行社会责任整体环境不佳的状况下,推促企业履行社会责任极为艰难。政府应当创造条件,让履行社会责任的企业获得实质性的利益。同时,更重要的是应当让那些不履行社会责任的企业受到严厉的打击,得到社会应有的谴责和惩罚。政府可以运用有效的舆论导向,广泛宣传履责企业的良好社会形象,让失责企业曝光而无藏身之地,促使更多的企业履行社会责任。

第五,向履行 CSR 的企业提供经济利益(即给付型干预)。这是第四层次的干预。政府部门通过政府采购、政府补贴等方式,扶持企业承担 CSR,同时积极制定符合我国国情、支持企业参与国际竞争的 CSR 政策,不断增强我国企业履行社会责任的能力,从可持续发展要求出发提高企业国际竞争力。

第二节　基于CSR建设的我国政府作用的对策建议

(一) 坚持科学发展观，指导企业处理经济与社会的关系

1. 树立正确的政绩观，指导企业实践社会责任管理

政府实施正确的引导，首先需要政府官员树立正确的政绩观。政府要以科学发展观指导企业实践社会责任管理，促进企业管理者正确处理经济增长与经济发展、企业自身发展与社会和谐发展之间的关系。从以经济论实力转向综合权衡经济、社会和环境的发展质量。这一转变非常重要，因为它统领着全国经济发展的方向，如果我们仍旧坚持经济挂帅，我们就不能期望政府花大力气监管污染企业，就不会为了社区而搬迁一个企业。所以，转变政绩观、实施新的政绩评估体系将会对企业社会责任的发展有非常巨大的促进作用。

2. 提倡和支持企业树立新的经营理念

企业社会责任是一个实践问题，最终落实要靠企业的努力，但是如果能够得到政府的提倡和支持，则能够保证其更好地实施。政府要提倡和支持企业履行社会责任，为企业实践社会责任提供良好的社会环境。只有改变企业家的经营理念，使其真正重视企业社会责任问题，才能增强履行社会责任的主动性。引导企业树立诚信、双赢、可持续发展理念，既要关注企业自身的长远发展，也要关注整个社会的可持续发展。

从政府角度讲，引导企业树立社会责任理念是其义不容辞的责任。从企业角度讲，承担合理的社会责任有助于企业品牌的提升、企业信誉和企业社会形象的提高，认识到这一点，企业应有意识地加强同所处社会环境的紧密程度，增强社会公德和责任意识。

(二) 创新政府管理模式，科学引导企业实施CSR

1. 切实转变政府职能，为企业发展提供良好的外部环境

企业要承担社会责任，为社会的发展尽自己的义务，政府也要主动为企业发展提供服务，营造良好的政策环境、市场环境、法制环境、政务环境和舆论环境。只有建立起政府与企业之间的良性互动机制，才能建立起良好的政企关系，促进企业发展，使其更好地履行社会责任，推动社会的可持续发展。

第一，创新政府管理模式，要强化科学管理工作，通过科学的制度安排、合理的职能划分、有效的绩效考评，提高政府工作的效率和质量。

第二，推动技术进步是创新政府工作的一项重要任务。我国在经济总量快速增长的过程中，正面临越来越大的资源和环境压力，转变经济增长方式已成为当务之急。政府担负着推进本地区各行各业技术进步和创新的责任。

第三，改变地方政府绩效评估方式。应将能源消耗下降、环境压力减轻等指标作为地方政府绩效评估的重要内容，促使地方政府切实履行责任，把促进经济发展与推动技术进步更密切地结合起来。在地方政府改革创新中，应完善政府绩效评估体系，改变以地区生产总值指标考核为核心的考核办法，建立起符合科学发展观要求的绩效评估指标体系。这样做，既有利于促进地方经济社会的全面协调可持续发展，也有利于防止地方政府和各级干部做出短期行为。

加快政治改革步伐，转变政府职能，让企业与顾客成为市场的主体，使政府成为公平竞争环境的提供者。完善产权制度，杜绝官商勾结，建立公平竞争机制，改善市场环境，为企业履行 CSR 创造条件。

2. 通过政府作为，科学引导企业实施 CSR

(1) 加大宣传，确立正确的舆论导向。

加大对企业社会责任的宣传，让全社会都来关注企业社会责任，参与到推动企业履行社会责任的运动中来，营造推进企业履行社会责任的社会氛围。使企业在一个积极促进企业履责的环境中认识到，加强社会责任意识，有利于企业发展，否则，对企业发展将产生不利影响。

另外，政府可利用多种媒体制造舆论，正面宣传，引导企业自愿承担 CSR，对此，中国传统儒商文化中的"以人为本""君子爱财，取之有道"都是很好的素材。其内涵与现代企业承担社会责任中注重人的充分发展和人文关怀的潮流相一致，也与当前我国构建和谐社会、推行可持续发展战略相吻合。如鼓励、倡导企业使用高标准环保型排污设备，向灾区、慈善机构捐赠，造福社区居民，为员工提供优美工作环境，资助文化艺术繁荣，充分尊重消费者权益，等等。在消除企业担心承担社会责任影响经济绩效的顾虑方面，政府也可发挥重要的疏导作用。如政府可以发挥媒体对社会舆论的引导作用，倡议和引导消费者消费具有 CSR 内涵的产品，抵制消费不负责任的企业的产品，将企业社会责任转化为商机，让企业意识到追求利润与履行社会责任并不矛盾，企业的长期生存有赖于其对社会的责任，而社会福利又有赖于企业的营利和责任心。

(2) 充分发挥非政府组织在 CSR 落实中的作用。

非政府组织作为与政府和企业并存的社会主体的第三方，具有主体广泛、相对公正的特点，而且是企业行为的直接受用者，所以它们更加关注企业社会责任问题。例如环境保护协会、消费者权益保护协会等组织对促进社会责任运动起到了非常重要的作用。但在我国，非政府组织数量相对较少，大多数没有形成独立的制约力量。

政府应当提升非政府组织存在的合法化、多样化、职业化程度，将其权力提升到法律层面，确保其监督的力度，使其有能力真正成为公众利益的代言人，弥补政府因与利益集团形成利益同盟而忽视公众利益的缺陷。

（三）优化推促政策，鼓励企业有序实施 CSR

不少企业对社会责任望而生畏，是因为它们片面地理解了社会责任的内涵，认为那纯粹是一种成本的投入，而不会带来任何回报。政府可以通过财政补贴、税费优惠甚至直接资助的办法鼓励企业走出第一步。这就是当前国际上比较流行的公私合作(PPP，Public Private Partnerships)的模式。

政府在加强和培育企业实现 CSR 的过程中，可以结合我国国情，借鉴西方国家的先进实践经验，注重运用和建立合理的激励措施鼓励企业有序实施 CSR。

1. 政府补贴

对于 CSR 记录良好的企业，可以采用政府采购或者直接补贴的方式进行激励。例如，政府应当在政府采购活动中优先为 CSR 记录良好的企业提供机会。上海市政府为解决下岗工人再就业问题，推行了“4050 工程”，政策具体为，只要符合 4050 工程要求，便可免除 3 年内所有的税收和各种费用。在自己出资 50%的情况下，政府社会保障局可以用促进再就业基金做担保，帮助民营企业向银行贷款，贷款不超过 20 万元。

2. 减免税优惠政策

对企业参与公益捐赠应给予制度激励，实行减免税政策。西方国家为促进企业对公益慈善事业的参与，往往对企业的捐助行为给予免税甚至替代其他税务的优惠政策。因此，许多以企业或企业主名义建立的基金非常普遍。

政府应转变角色，从劝募市场中抽身，从劝募者、监管者的双重身份向监管者的单一身份转变，减少指令性摊牌和行政性劝募，杜绝多头劝募，减少企业慈善捐赠的管理成本和交易成本。国家应考虑再度扩大免税受赠主体的范围，简化捐赠免税/退税程序，使企业绝大部分慈善捐赠都能切实享受免税激励。

3. 社会责任奖金

国家应对那些因积极承担社会责任而给其他企业做出表率或因承担社会责任而对社会良性发展产生重要影响的企业给予物质或现金激励，即社会责任奖金（或社会责任奖励证书），如国家颁发的环保贡献奖金、社会福利事业优秀奖金等。对获得相关奖励或证书的企业给予一定的物质激励，有利于强化企业对承担社会责任的荣誉感和认同感。

4. 引导 CSR 投资

CSR 投资已经成为某些国家金融市场的主流，而且势头越来越猛。投资者的社会责任取向对管理层的社会责任表现具有举足轻重的作用，无论是个体投资者还是机构投资者，都将肩负着推动公司社会责任实践、在商业界落实社会正义的重大责任。随着我国的基金管理公司、保险公司、养老基金作为机构投资者崛起，强调机构投资者的社会责任投资意义重大。因此，基金管理人投资于具有社会责任感的公司，不仅在法律上和伦理上具有正当性与合法性，而且从长远看有利于基金持有人的利益最大化。

国际上西方发达国家社会责任投资规模远远高于亚洲国家，我国在这方面与西方国家的差距更大。因此，我国应尽量早日填补社会责任投资空白，使社会责任投资基金品种增加，规模不断扩大。

（四）加强法律法规体系建设，规范企业行为

加强法律法规体系建设，一方面要健全和完善有关企业社会责任的相关法律法规和企业社会责任评价体系；另一方面要加强执法力度，做到有法可依，有法必依，执法必严，违法必究，特别是对于官商勾结腐败和企业违法经营要加大打击力度，责任到人，净化市场环境。通过法律法规体系的建设，增强企业在经营管理过程中的守法意识，增加企业违法经营的风险成本，使企业自觉履行企业社会责任。

1. 加强企业社会责任立法，完善 CSR 法律体系

法治实现的前提就在于存在“有法可依”的基本状态，要强化企业社会责任，首先要加强立法。法律要解决的问题就是通过法律制度和法律条文的设置，将整个市场规范在合理且合法、企业赢利且提高社会福利的范围内，尽一

切可能根除合理但不合法、不合理且合法、企业赢利但损害社会福利、企业亏损而社会福利增加等问题。这样的法律环境就最适宜企业社会责任的发展。政府最需要做的，是梳理目前中国企业社会责任有关的法律，如《公司法》《劳动法》《环境保护法》等，分析哪些条文有利于企业履行社会责任，哪些条文需要改进。匆忙推出新的、针对企业社会责任的法律并无必要。

首先，以《公司法》为核心，完善相应的法律体系。

应继续修订《公司法》，将公司的社会责任写入《公司法》的宗旨和目的之中，摈弃单纯的股东利益至上的传统公司观念，确立公司自身利益与社会利益并重的二维基本架构。

其次，在《公司法》搭建的制度平台上，辅以《环境保护法》《劳动法》《安全生产保护法》《消费者权益保护法》《捐赠法》《税法》等部门法，形成制度的合力，构筑企业社会责任的法制系统工程。

因此，应当建立与完善具体的部门法，如为了保障雇员的利益，制定《劳动安全法》《社会保障法》《反歧视法》；为了保障债权人的利益，完善《破产法》；为了激励企业主动从事慈善事业，尽快出台《慈善事业促进法》，并在税法中做出具体的减免税规定，或者降低此类公司的市场准入门槛等；为了鼓励企业开展环境领域的研究与开发，对生产者改进技术和工艺流程从而减少污染物排放的行为给予一定时期内减税、免税的规定；等等。

最后，法律修改中应加大责任力度，并重在处罚个人。

当不承担社会责任所带来的成本远远低于企业因此得到的利润时，企业一定不会去自觉承担社会责任。因此，在加强企业社会责任立法的过程中，各部门法的配套修改一定要加大对损害社会利益行为的处罚力度。此外，应该衡量情势，让各种实际做出决策的人、直接负责的主管人员和直接责任人员受到应有的处罚。

2. 建立企业社会责任评价体系

我国政府必须抓紧机会，加快组织对 SA8000 标准的研究和适应我国“本土化”要求的社会责任国际标准开发工作。目前国内对企业社会责任运动的研究，大多注重于“生产守则”或 SA8000 认证的正当性、合法性研究，真正从这些“劳工标准”的内部研究其科学性、合理性的并不多，将其结合中国企业实际进行“消化性”研究的就更少了。因此，我国相关研究机构应在积极参与 ISO 社会责任标准化研究与制定过程中，加强企业社会责任国际标准的“本土化”

研究，为我国企业争取标准出台后的主动地位。

3. 严格执法，规范CSR法治环境

目前，政府面临的一个重大挑战是执法不严，一些法律的执行效果不能令人满意。执法机关必须努力解决好执法态度、执法方式和执法程序三个方面的突出问题。

端正执法态度就是要求政府坚持“以人为本”的科学发展观，从既做“裁判员”又做“运动员”的双重角色中抽身出来，充分尊重《劳动法》《公司法》等相关法律法规的权威性，严格落实政企分开；改进执法方式就是要坚定执法为民的信念，把“普法”教育、守法检查与违法惩处有机结合起来，通过执法手段推动企业增强落实《劳动法》及其他相关的各项法律法规的自觉性；保证执法程序本身合法，就是要努力做到不偏不倚，坚持司法公正，“阳光执法”，坚持“法律面前，人人平等”的基本原则，执法程序严格符合规范。

（五）加强对CSR的监管，建立CSR监督管理机制

政府要加强对企业履行社会责任的监管。地方政府要通过建立企业社会责任监督管理机制，对企业经营行为有充分了解，并做出定期评估。运用法律、社会舆论、行政管理手段和评估机制，在全社会范围内，大力表彰认真履行企业社会责任的企业，对那些严重违反《劳动法》《生产安全法》和《环境保护法》的企业提出批评或惩罚，引导企业转变观念，朝着积极履行社会责任的方向发展。

1. 建立企业社会责任会计和审计制度

可借鉴欧洲一些国家的做法，将自然资源、人力资源、生态环境和社会收益四个核算内容作为会计要素，规范、完善相关会计账簿，实行不再以经济绩效作为唯一核心内容的新的会计制度。这为政府实施监督提供了立体的参考维度。要求企业每年提供自己的社会责任报告，对自己的社会责任履行情况首先进行自我评价和自我监督，还要完善对企业社会责任的社会审计制度，对企业社会责任的履行情况进行定期或不定期的监督检查，更好地促使企业承担其社会责任。

2. 建立与完善CSR信息披露制度，树立企业形象

社会公开机制和信息披露机制在某种程度上具有很大的监督制约功能。通过信息披露，使那些自觉履行CSR的企业得到赞扬，可以打响企业及其商品的知名度，从而树立良好的社会形象，有利于企业的进一步发展；相对地，使

得那些利欲熏心、怠于履行 CSR 的企业曝光，受到道德的谴责和法律的制裁，从而降低市场竞争力，最终实现经济的健康、可持续发展。目前，对于我国大多数公司来说，信息披露的主要内容是公司的财务状况，但是，随着人们对可持续发展的重视，财务指标已经不是衡量企业发展状况和未来发展的唯一指标。为了加强企业履行社会责任的自觉性与主动性，应该将社会信息公开机制引入 CSR 制度中，公司履行 CSR 的状况通过信息披露机制，向社会传达相关信息，如公司的债务情况、企业内员工权益的保护状况、商品质量及消费者投诉状况、环境污染状况、社区关系状况等。上市公司作为全国性透明度最高的公司，在履行社会责任信息披露方面理应率先垂范。

参考文献

[1] 阿奇 B. 卡罗尔，安 K. 巴克霍尔茨. 企业与社会伦理与利益相关者管理：5版[M]，北京：机械工业出版社，2004.
[2] 张彦宁，陈兰通. 2007 中国企业社会责任发展报告[M]. 北京：中国电力出版社，2008.
[3] 乔耀章. 政府理论[M]. 苏州：苏州大学出版社，2000.
[4] 谢自强. 政府干预理论与政府经济职能[M]. 长沙：湖南大学出版社，2004.
[5] 金太军，等. 政府职能梳理与重构[M]. 广州：广东人民出版社，2002.
[6] 张岩鸿. 市场经济条件下政府经济职能规范研究[M]. 北京：人民出版社，2004.
[7] 中国(海南)改革发展研究院. 市场经济条件下政府作用[M]. 北京：民主与建设出版社. 1997.
[8] 王浦劬，徐湘林. 经济体制转型中的政府作用[M]. 北京：新华出版社，2000.
[9] 高王凌. 政府作用和角色问题的历史考察[M]. 北京：海洋出版社，2002.
[10] 魏文斌. 企业伦理学理论与实践[M]. 长春：吉林人民出版社，2006.
[11] 李立清，李燕凌. 企业社会责任研究[M]. 北京：人民出版社，2005.
[12] 乔治・斯蒂纳，约翰・斯蒂纳. 企业、政府与社会[M]. 北京：华夏出版社，2002.
[13] 田虹. 企业社会责任及其推进机制[M]. 北京：经济管理出版社，2006.
[14] 李洪彦. 中国企业社会责任研究[M]. 北京：中国统计出版社，2006.

[15] 徐瑞新.中国企业社会责任报告(2006)[M].北京:中国社会出版社,2007.
[16] 中国企业管理研究会,中国社会科学院管理科学研究中心.北京:中国企业社会责任报告[M].北京:中国财政经济出版社,2006.
[17] 颜剩勇.企业社会责任财务评价研究[M].成都:西南财经大学出版社,2007.
[18] 霍尔斯特·施泰因曼,阿尔伯特·勒尔.企业伦理学基础[M].上海:上海社会科学院出版社,2001.
[19] 甘绍平.应用伦理学前沿问题研究[M].南昌:江西人民出版社,2002.
[20] 卢代富.企业社会责任的经济学与法学分析[M].北京:法律出版社,2002.
[21] 宋献中,李皎予.企业社会责任会计[M].北京:中国财政经济出版社,1992.
[22] 洛克.政府论[M].刘晓根,编译.北京:北京出版社,2007.
[23] 哈罗德·孔茨,海因茨·韦里克.管理学[M].北京:经济科学出版社,1993.
[24] 里奇·W.格里芬.实用管理学[M].杨洪兰,等,译.上海:复旦大学出版社,1989.
[25] 斯蒂芬·P.罗宾斯.管理学[M].上海:人民大学出版社,1997.
[26] 孙业利.浅析中国政府的跨国公司政策[J].上海经济研究,1999(11).
[27] 刘丽萍.企业的社会责任与企业绩效[J].科技与经济,2006(4).
[28] 宁凌.企业社会责任的经济、社会学分析及我国企业的社会责任[J].南方经济,2000(6).
[29] 史浩明,张鹏.从社会负担到社会责任——论苏南乡镇企业所承担的社会责任[J],苏州大学学报:哲社版,2004(3).
[30] 梁喜书,张洁.构建和谐社会与企业社会责任[J],石油大学学报:社科版2005(3).
[31] 赵琼.广东企业社会责任问题调查报告[J].大经贸,2004(5).
[32] 唐菲.国外企业承担社会责任的两种模式[J].经营与管理,1996(4).
[33] 赵文娟.借鉴发达国家经验建立特区企业社会责任会计[J].深圳大学学报:人文社会科学版,1996(9).

[34] 林军.美国企业的社会责任及对我国的启示[J].经济管理,2004(1).
[35] 于光平,杨艺.企业社会责任:国外理论演进及最新文献述评[J].临沂师范学院学报,2006(5).
[36] 刘继峰,吕家毅.企业社会责任内涵的扩展与协调[J].法学评论,2004(5).
[37] 程多生.企业社会责任是中国企业面临的新课题[J].中国企业报,2004(9).
[38] 田虹,吕有晨.日本企业社会责任研究[J].现代日本经济,2006(1).
[39] 中国企业联合会,中国企业家协会课题组.我国企业劳动关系状况分析与对策建议[J],中国企业报,2004(7).
[40] 郑若娟.西方企业社会责任理论研究进展——基于概念演进的视角[J].国外社会科学,2006(2).
[41] 马力,齐善鸿.西方企业社会责任实践[J].企业管理,2005(2).
[42] 周燕,杨惠荣.现阶段我国民营企业的社会责任困境与政府应对[J].乡镇企业研究,2004(4).
[43] 张志强,王春香.西方企业社会责任的演化及其体系[J].宏观经济研究,2005(9).
[44] 周燕,林龙.新形势下我国民营企业的社会责任[J].财经科学,2004(5).

后记

一直以来，对自己比较满意和骄傲的就是做任何事都比较坚持，就在做论文时却让自己对这一“优点”产生了怀疑，因为实在太困难了，无数次地就想放弃了，甚至有段时间真的搁置了，假装不去想，不去碰。在论文初稿完成之时，我心中有太多的感慨，同时更涌动着一股强烈的感激之情，本文的诞生得益于很多不吝关爱、支持和鼓励的老师和亲朋，在此我对他们表示深深的谢意。

首先，我要感谢我的恩师李兰芬教授，从论文的选题、拟定写作提纲到修改定稿，整个过程都是在李老师的悉心指导和帮助下完成的，恩师不仅给予了我大量的建议和细心的指导，而且为我的文章提供了大量的素材，让我不断地纠正错误，更好地完成论文。记得在一次文章怎么都无法进行下去时，老师帮我指点后的豁然开朗，顿时让我的心情就如同那天午后的阳光一样灿烂。导师的学识和人品，是我心中永远的楷模。师恩师情，山高水深。

除了导师之外，我还要感谢给了我许多帮助和指导的管理学院的其他老师，论文的开题及其写作中，任平教授、王金福教授、陈忠教授、杨思基教授、许庆豫教授、邢冬梅教授、车玉玲教授、庄友刚教授等对论文提出诸多宝贵意见，同时，他们精彩的授课，也让我开阔了视野。

我的十几位同学在学习和工作上都给予我多方面的关心，特别在论文构思阶段，王永明博士、宫向阳博士、陶培之博士等都曾有过有益的建议，我非常感谢各位博士同学的帮助，也十分珍惜我们的同学之情。王玉玫博士、何会涛博士、张伟炜硕士、李佳硕士等在资料收集方面给予许多帮助，蒋元栋先生承担了修改翻译英文资料的工作，这些都是论文顺利完成的重要基础。另外，还有很多朋友用不同的方式给予了支持，心中很是感激。

我的先生是个很智慧的人，在我写作过程中提的建议常常使我有“豁然开朗”的感觉；懂事的儿子常常在我有放弃的念头产生时给予我鼓励，坚定了我完成论文的信念。

千言万语，怎一个谢字了得！

华冬萍

2014 年 10 月